जीज़स
आत्मबलिदान का मसीहा

सरश्री द्वारा रचित श्रेष्ठ पुस्तकें

1. इन पुस्तकों द्वारा आध्यात्मिक विकास करें

- **नि:शब्द संवाद का जादू** – जीवन की 111 जिज्ञासाओं का समाधान
- **विकास नियम** – आत्मविकास द्वारा संतुष्टि पाने का राज़
- **संत ज्ञानेश्वर** – जीवन चरित्र और समाधि रहस्य
- The **मन** – कैसे बने मन : नमन, सुमन, अमन और अकंप
- **ध्यान नियम** – ध्यान योग नाइन्टी
- **कैसे लें ईश्वर से मार्गदर्शन** – जो कर हँसकर कर
- **ए टू ज़ेड 26 सबक़** – 26 Lessons of life
- **पहले राम फिर काम** – भक्ति शक्ति रामायण पथ
- **अवचेतन मन की शक्ति के पीछे आत्मबल** – मन का प्रशिक्षण और पाँच शक्तियाँ

2. इन पुस्तकों द्वारा स्वमदद करें

- **स्वास्थ्य के लिए विचार नियम**
- **मोह, अहंकार और बोरडम से मुक्ति** – सूक्ष्म विकारों पर विजय
- **भय, चिंता और क्रोध से मुक्ति** – स्थूल विकारों से मुक्ति
- **नींव नाइन्टी** – नैतिक मूल्यों की संपत्ति
- **स्वसंवाद का जादू** – अपना रिमोट कंट्रोल कैसे प्राप्त करें
- **संपूर्ण लक्ष्य** – संपूर्ण विकास कैसे करें
- **संपूर्ण सफलता का लक्ष्य**
- **निर्णय और ज़िम्मेदारी** – वचनबद्ध निर्णय और ज़िम्मेदारी कैसे लें
- **प्रेम नियम** – प्लास्टिक प्रेम से मुक्ति

3. इन पुस्तकों द्वारा हर समस्या का समाधान पाएँ

- विचार नियम का मूल **प्रार्थना बीज**
- **स्वास्थ्य त्रिकोण** – स्वास्थ्य संपन्न
- **सुनहरा नियम** – रिश्तों में नई सुगंध
- **स्वीकार का जादू** – तुरंत खुशी कैसे पाएँ

4. इन आध्यात्मिक उपन्यासों द्वारा जीवन के गहरे सत्य जानें

- मृत्यु पर विजय **मृत्युंजय**
- **स्वयं का सामना** – हरक्युलिस की आंतरिक खोज

जीज़स
आत्मबलिदान का मसीहा

बेस्टसेलर पुस्तक 'विचार नियम' के रचनाकार
सरश्री

MANJUL

मंजुल पब्लिशिंग हाउस

First published in India by

Manjul Publishing House
Corporate and Editorial Office
• 2nd Floor, Usha Preet Complex, 42 Malviya Nagar, Bhopal 462 003 - India
Sales and Marketing Office
• C-16, Sector 3, Noida, Uttar Pradesh 201301 - India
Website: www.manjulindia.com
Distribution Centres
Ahmedabad, Bengaluru, Bhopal, Kolkata, Chennai,
Hyderabad, Mumbai, New Delhi, Pune

Sirshree Tejparkhi asserts the moral right to be identified
as the author of this work

Jesus by Sirshree Tejparkhi

This edition first published in India in 2016

ISBN   978-81-8322-723-0

Printed and bound in India by Repro India Limited

यह पुस्तक समर्पित है
उस जीव को,
जो हिंदू, मुसलमान, सिख, ईसाई,
बौद्ध, जैन होने से पहले
इंसान है।

विषय सूची

1

प्रस्तावना

संपूर्ण रहस्य

एक जंगल में तीन पेड़ थे। तीनों की इच्छाएँ अलग-अलग थीं। पहले पेड़ की इच्छा थी कि उसकी लकड़ी से बढ़िया तिजोरी बने, जिसमें ख़ज़ाने, हीरे, जवाहरात रखे जाएँ। दूसरे पेड़ की इच्छा थी कि उसकी लकड़ी से एक बड़ी, शानदार सी नौका बने, जिसमें राजा-महाराजा सवारी करें। तीसरे पेड़ की इच्छा थी कि वह बहुत ऊँचा हो, इतना ऊँचा कि उसे सब देख सकें। वह ईश्वर के पास रहे, ईश्वर से बातें करे। तीनों ने अपनी-अपनी इच्छाओं की पूर्ति के लिए ईश्वर से प्रार्थना की।

एक दिन एक लकड़हारा आया और तीनों पेड़ काटकर ले गया। पहलेवाले पेड़ से एक बक्सा बना, जो घोड़े के तबेले में घास रखने के काम आया। दूसरेवाले से एक मामूली छोटी सी नौका बनी और तीसरे की लकड़ियाँ काटकर यूँ ही रख दी गईं। अब तीनों पेड़ ईश्वर से नाराज़ और नाख़ुश थे क्योंकि उनके मन मुताबिक़ कुछ भी नहीं हुआ था। अब ईश्वर की लीला देखिए। एक दिन घोड़े के तबेले में एक बच्चे का जन्म हुआ। वहाँ माँ-बाप को बच्चे को रखने के लिए कुछ नहीं मिला तो उन्होंने उस बच्चे को, जिसका नाम जीज़स था, उस पहलेवाले पेड़ के बक्से में रख दिया। कितना ख़ुशनसीब है वह पेड़ जिसकी गोद में ईश्वर का पुत्र स्वयं विराजमान है। अब उसे समझ में आया कि

वह ख़ज़ाना सभी ख़ज़ानों और जवाहरातों से ज़्यादा मूल्यवान है। उसे यक़ीन हुआ कि ईश्वर ने उसकी प्रार्थना सुन ली।

उसी मसीहा ने दूसरे पेड़ से बनी उस छोटी सी नाव से भ्रमण (सफ़र) किया और तूफ़ानों को शांत रहने को कहा। तब जाकर उस दूसरे पेड़ की लकड़ियों को एहसास हुआ कि उसकी नाव में राजाओं का राजा, महाराजाओं का महाराजा सवार होकर तूफ़ानों को शांत कर रहा है।

अंत में जब जीज़स को सूली पर लटकाया गया तो क्रॉस बनाने के लिए उसी तीसरे पेड़ की लकड़ियों का इस्तेमाल किया गया। उस क्रॉस को पहाड़ की ऊँचाई पर रखा गया। इस प्रकार तीसरे पेड़ की भी प्रार्थना स्वीकार की गई कि वह ऊँचाई पर हो, ईश्वर के नज़दीक हो, ईश्वर से बातें करे।

यह एक प्रसिद्ध और काल्पनिक कहानी है, जिसके द्वारा प्रार्थना और ईश्वर पर विश्वास रखना सिखाया गया है। जीज़स ने स्पष्ट कहा, '**तुम्हें जो भी मिलेगा, तुम्हारे विश्वास के अनुसार ही मिलेगा।**' जीज़स की बात का अर्थ यह नहीं है, 'तुम जो कहते हो, वह मिल जाएगा।' उनकी बात का वास्तविक अर्थ यह है, 'जैसा तुम्हारा यक़ीन है, वैसा तुम्हें मिलेगा।' इसीलिए सबसे सरल तरीक़ा यही है कि आप पूर्ण विश्वास रखकर प्रार्थनाएँ करना शुरू कर दें।

जाने अनजाने हर इंसान प्रार्थना करता है परंतु उसकी प्रार्थना में कई कमियाँ रह जाती हैं, जिसके कारण उसका ईश्वर के प्रति विश्वास डगमगा जाता है। प्रार्थना का परिणाम मन मुताबिक़ आया तो वह आस्तिक बन जाता है और यदि परिणाम मन मुताबिक़ न आया तो वह नास्तिक बन जाता है। ऐसा क्यों होता है? क्योंकि वह संपूर्ण रहस्य भूल गया है कि प्रार्थना कैसे होनी चाहिए, किसे करनी चाहिए और प्रार्थना के बाद क्या करना चाहिए। यह प्रार्थना का दूसरा हिस्सा है।

जीज़स ने प्रार्थना को सबसे ज़्यादा ऊपर उठाया, उसे महत्त्व दिया। लेकिन आज आप देखेंगे कि लोग सिर्फ़ प्रार्थना ही करके रह जाते हैं। ग़ौर करें कि क्या जीज़स केवल प्रार्थना को ही ऊपर उठाना चाहते थे या उसके माध्यम से किसी अन्य बात को उठाना चाहते थे? दरअसल, इस पर किसी ने ध्यान ही नहीं दिया।

आज विश्व में इतनी बड़ी आबादी जीज़स को मानती है तो क्या सचमुच उनकी उच्चतम शिक्षाओं पर अमल किया जा रहा है? लोग सिर्फ़ उन्हीं शिक्षाओं पर अमल करते हैं, जो उन्हें राहत देती हैं। आज लोगों का विकास इसी बिंदु पर आकर रुक गया है। लोग प्रार्थना तो करते हैं, यानी पहला क़दम उठाते हैं लेकिन यह पहला क़दम क्यों उठाना था, ये बात भूल जाते हैं। जब आप प्रार्थना करते हैं तो ईश्वर से सवाल कर रहे होते हैं, कुछ पूछ रहे होते हैं। जब आप कुछ चाहते हैं तो प्रार्थना करते हैं लेकिन प्रार्थना के बाद कुछ नहीं करते। क्योंकि लोग भूल गए हैं कि प्रार्थना का पहला क़दम उठाने के बाद दूसरा क़दम उठाना ज़रूरी होता है।

अब आपके अंदर सवाल उठेगा कि यह दूसरा क़दम क्या है? 'पहले क़दम पर यानी प्रार्थना में ईश्वर से सवाल पूछा जाता है और दूसरे क़दम पर सवाल पूछनेवाले को जवाब सुनना होता है।' लेकिन पहला क़दम उठाते ही इंसान को लगता है कि काम हो गया और वह उठकर चला जाता है। ज़रा सोचें कि कोई आपसे एक सवाल पूछे और बिना जवाब सुने उठकर चला जाए तो आप उसे क्या कहेंगे? आप यही कहेंगे, 'कम से कम जवाब सुनने के लिए तो कुछ देर बैठ जाते।' इसका अर्थ है कि सवाल पूछनेवाले को ध्यान में या मौन में बैठना था। क्योंकि जब 'प्रार्थना और ध्यान' जुड़ेंगे या जब 'सवाल और जवाब' जुड़ेंगे तभी शिक्षा पूर्ण होगी। लेकिन लोग उच्चतम शिक्षाओं का सिर्फ़

हाफ़ सीक्रेट (आधा रहस्य) ही जान पाए और उसी को अपने जीवन में लागू करते रहे। जबकि महत्त्वपूर्ण यह है कि फुल सीक्रेट (संपूर्ण रहस्य) सामने आए, आपके जीवन में काम करे।

संपूर्ण रहस्य यानी आपको यह विश्वास होना चाहिए, 'जवाब आ रहा है और मुझे जवाब सुनना है।' जब आप ध्यान में या मौन में बैठे हुए होते हैं, तो वास्तव में आप जवाब सुन रहे होते हैं। चूँकि मौन के साथ इंसान का तालमेल नहीं है इसीलिए वह यह बात भूल जाता है और हाफ़ सीक्रेट ही इस्तेमाल करता रहता है। आप अच्छी तरह जानते हैं कि आधी शिक्षा पर अमल करके इंसान सिर्फ़ राहत तक ही पहुँच सकता है, सत्य तक नहीं। आधी शिक्षा पर अमल करने के कारण प्रार्थनाओं का असली उद्देश्य पूरा नहीं हो पाता।

अगर जीज़स की उच्चतम शिक्षाओं को फिर से सबके सामने लाना है तो इसके लिए सबसे पहले यह समझना होगा कि जीज़स द्वारा दी गई उच्चतम शिक्षाएँ कौन सी हैं। प्रस्तुत पुस्तक द्वारा न सिर्फ़ जीज़स की जीवनी पर प्रकाश डाला गया है बल्कि उनकी बहुमूल्य शिक्षाओं को भी उजागर किया गया है।

तो आइए, इस पुस्तक द्वारा जीज़स के महाजीवन को जानें और उनकी शिक्षाओं के पीछे छिपे गहरे और फुल रहस्य को समझकर उसे ग्रहण करें।

...सरश्री

खण्ड 1

जीज़स की काया के जन्म की तैयारी

2

जीज़स बनकर जीज़स को जानें

जीज़स की काया का जन्म

आज से कुछ हज़ार साल पहले मानवता की चेतना जागृत करने के लिए एक मसीहा का, चैतन्य चेतना का अवतरण हुआ। एक ईश्वरीय अंश ने कुँवारी कन्या के पवित्र गर्भ से जन्म लिया, जो आगे चलकर लोगों का मुक्तिदाता बन गया।

इस महान ईश्वर के पुत्र को लोग ईसा मसीह, यीशू, जीज़स, क्राइस्ट इत्यादि नाम से जानते हैं। ईसाइयों का महान धर्मग्रंथ बाइबल इनके बारे में अनेक जानकारियाँ प्रदान करता है, किंतु ईसा मसीह से संबंधित आंतरिक जानकारी के लिए ईसा मसीह या जीज़स क्राइस्ट (चैतन्य) ही बनना पड़ेगा। **बिना जीज़स बने कोई भी पूर्ण जीज़स को जानने में सफल हो ही नहीं सकता।**

जीज़स के जन्म से पहले के हालात

जीज़स के शरीर के जन्म के बारे में जानने से पहले यह जानना अत्यंत आवश्यक है कि किन परिस्थितियों ने इस ईश्वर के पुत्र को जन्म देने में निमित्त का काम किया।

2000 वर्ष पहले की बात है, जब पैलेस्टाइन (इज़राइल) नाम के मुल्क में यहूदी लोग रहा करते थे। यहूदी यानी ज्यू। वहाँ पर कलयुग का राज चल रहा था क्योंकि वह यूनानियों और रोम वासियों का राज्य था,

जिन्हें उस वक़्त के क्षत्रिय और वैश्य कहा जा सकता है। क्षत्रिय यानी जिनके पास हथियारों की ताक़त थी और वैश्य यानी जिनके पास व्यापार था, धन की ताक़त थी।

यूनानी लोग वहाँ के बड़े-बड़े व्यापारी थे। वे लोगों को लूटने के तरीक़े जानते थे। इन यूनानियों और रोमवासियों के बीच यहूदी लोग पिसे जा रहे थे। रोमवालों की अपनी सेना थी, सत्ता थी और यूनानियों के हाथ में सारा व्यापार था। इनके बीच में यहूदियों का बुरा हाल होता था, वे खेती करते थे मगर यूनानी सेठ माप-तौल में गड़बड़ कर, यहूदियों को सताते, उनका फ़ायदा उठाते और उन्हें ग़रीब ही रखते थे।

ईसा मसीह के जन्म से पहले इज़राइल की जनता पर अनेक प्रकार के अत्याचार हो रहे थे। एक तरफ़ इज़राइली लोग रोमन शासकों के अत्याचार से तंग आकर भयभीत रहते थे तो दूसरी तरफ़ यूनानी जनता व्यापारियों को टैक्स देते-देते परेशान थी। रोमन शासक और यूनानी व्यापारियों द्वारा उनका शोषण तो इन इज़राइल वासियों को मौत के समान असह्य पीड़ा देने के लिए पर्याप्त था। ऊपर से उनके अपने धर्म के ठेकेदार 'रबियों' (इज़राइली लोगों के पंडित, पुरोहित) द्वारा अनेक कर्मकाण्डों को कड़ाई से पालन करवाना उनके लिए अत्यंत कष्टदायक हो रहा था। इज़राइल की आम जनता रबियों, यूनानी व्यापारियों और रोमन शासकों की तीन तरफ़ा मार झेलने में एकदम असमर्थ होती जा रही थी तथा अन्याय की चक्की में पिसती जा रही थी। ऐसे ही समय पर जीज़स का जन्म हुआ ताकि वे आम जनता को इन अत्याचारों के बीच मुक्ति दिला सकें।

मरियम और जोसेफ़ को देवदूत का संदेश

'मरियम' एक साधारण युवती थी, जिसकी शादी एक बढ़ई जोसेफ़ के साथ क़रीब-क़रीब तय हो चुकी थी। एक दिन गॅब्रिएल नाम का देवदूत मरियम के सामने प्रकट हुआ और उसे सूचना दी कि उसके गर्भ से ईश्वर-पुत्र का जन्म होगा, जो लोगों का पाप से उद्धार करेगा, इस पृथ्वी पर शांति स्थापित करेगा, लोगों में अनंत प्रेम जागृत करेगा और मानवता के लिए ईश्वर का सर्वोत्तम उपहार बनेगा। मरियम को लोक-लाज और जोसेफ़ के

साथ उसकी शादी तय हुई है, इस बात का ख़याल आया कि ऐसी हालत में वह कुँवारी माता बनकर बदनाम हो जाएगी, किंतु देवदूत ने उसे समझाया कि ऐसा कुछ भी नहीं होगा। जोसेफ़ को भी देवदूत ने दर्शन दिया और कुँवारी मेरी से ईश्वर-पुत्र के जन्म की बात बताई।

मरियम का होनेवाला पति भी महान ईश्वर भक्त था। अतः उसने देवदूत का संदेश ईश्वरीय संदेश समझकर स्वीकार कर लिया। इसके पहले जब जोसेफ़ को मरियम (मेरी) के गर्भवती होने की ख़बर मिली थी तो वह विचलित होकर उसे पत्नी के रूप में अस्वीकार करने का मन बना रहा था किंतु देवदूत के संदेश देने के बाद ईश्वर भक्त जोसेफ़ ने अपना इरादा बदल दिया और गर्भवती मरियम को पत्नी बनाकर अपने घर लाया। देवदूत ने उसे ऐसा ही करने की हिदायत दी थी और आगे कहा था कि बच्चा पैदा होने के बाद उसका नाम **जीज़स** रखा जाए।

यह उस समय की बात है, जब रोमन साम्राज्य पर 'ऑगस्टस सीज़र' का शासन था। लंबे समय तक चलनेवाले गृहयुद्ध के बाद रोमन साम्राज्य की प्रजा शांतिपूर्वक रहना सीख रही थी। ऑगस्टस सीज़र ने उसी समय टैक्स लगाने का ऐलान करते हुए उन लोगों से अपने-अपने शहरों में जाकर पंजीकरण कराने का आदेश दिया। जोसेफ़ और उसकी पत्नी मरियम उन दिनों 'नाज़रेथ' में रह रहे थे और उन्हें पंजीकरण के लिए 'बेथलेहम' जाना था जबकि मरियम की गर्भवस्था के दिन लगभग पूरे हो चले थे।

किसी प्रकार जोसेफ़ और मरियम बेथलेहम पहुँचे, किंतु वहाँ पंजीकरण करानेवाले लोगों की बहुत बड़ी भीड़ थी, अतः उन्हें रहने के लिए किसी सराय में जगह नहीं मिली। जोसेफ़ एक-एक करके सभी सरायों में कमरे के लिए दौड़-धूप करके हार गया। अंत में वह निराश हो गया और इसी बीच मरियम को प्रसव पीड़ा के प्रथम संकेत मिले। घबराकर जोसेफ़ ने नज़दीक ही सराय की देखरेख करनेवाले से अपनी परिस्थिति एक बार फिर से बयान की।

सराय में कमरा ख़ाली न होने से वह अपनी असमर्थता पहले ही प्रकट कर चुका था किंतु इस बार मरियम की हालत देखते हुए उसने प्रस्ताव

रखा, 'मेरा एक अस्तबल (घोड़ों का तबेला) है, उसमें यदि आप रहने के लिए जगह तैयार कर सकें तो मैं अस्तबल में जगह दे सकता हूँ।' जोसेफ़ ने इसे कृतज्ञतापूर्वक स्वीकार करके मरियम के लिए आरामदायक जगह बनाना शुरू किया। इसी दौरान मरियम की प्रसव पीड़ा बढ़ गई और उसने अस्तबल में अत्यंत ठंड भरी रात के 12 बजे तेज़ प्रतिभा संपन्न बालक को जन्म दिया। इसके पहले देवदूत ने आगामी सूचना दे दी थी कि मरियम के गर्भ से उत्पन्न बालक विश्व की आशा और शांति का अग्रदूत होनेवाला है, अतः मरियम और जोसेफ़ ने उसी भावना से बालक को उचित सम्मान दिया।

प्रसव की पीड़ा भूलकर मरियम ने, जो अब मदर मेरी हो गई थी, बच्चे को कपड़े में लपेटकर एक नाँद (चरनी) में रख दिया, उस नाँद में घोड़ों को चारा, दाना दिया जाता था। यह भी एक अनोखी विडंबना ही है कि जगत का उद्धार करनेवाले जीज़स की काया एक ऐसी मार्मिक और दयनीय परिस्थिति में अनेक संकटों के बीच अवतरित हुई। पुत्र प्राप्ति की ख़ुशी में ईश्वर को धन्यवाद देते हुए मरियम मंद स्वर में गा रही थी – 'मरियम बैठी घुड़शाले में, राजा बालक चरनी में।'

मेरी और जोसेफ़ सारी कठिनाइयों के बावजूद इस बात से काफ़ी ख़ुश थे कि ईश्वर का अंश उनके घर परिवार का सदस्य है। देवदूत की भविष्यवाणी अब आगे और भी चमत्कार प्रस्तुत करेगी, जिसके लिए वे दोनों अपने आपको तैयार करने में लग गए। मेरी अपनी सभी पीड़ाएँ भूलकर नवजात शिशु पाकर किस अवस्था में थी? अगले अध्याय में समझते हैं।

3

मदर मेरी की अवस्था

'तुम्हारे द्वारा मुक्तिदाता पैदा होने जा रहा है और तुम कुँवारी माँ बननेवाली हो,' माँ मेरी (मरियम) को देवदूत ने दर्शन दिया और ये वाक्य कहे।

'जीज़स कुँवारी माँ से पैदा हुए।' जिसका आंतरिक अर्थ है कि मदर मेरी द्वारा जिस उच्च चेतना का जन्म हुआ, उसके पीछे किसी व्यक्ति की इच्छाएँ, वासनाएँ नहीं थीं बल्कि पवित्रता थी। वरना कितने लोग शादी करते हैं मगर कोई यह सोचकर शादी नहीं करता,'हमें उच्च चेतना को जन्म देना है इसलिए हम शादी करेंगे। जो बालक पैदा होगा वह विश्व को दिया जाएगा, सेवा करने के लिए दिया जाएगा, अपने सुख भोग के लिए नहीं।'

हर कोई यही सोचता है,'मेरी ज़रूरत पूरी हो, मुझे घर-बार बसाना है, बच्चे तो बाद में आ ही जाते हैं।' अतः बच्चों की चेतना के बारे में सोचकर निःस्वार्थ भावना से कोई शादी नहीं करता। लोग अपने स्वार्थ, अपने उद्देश्य को ध्यान में रखते हुए, अपने वंश को बढ़ाने के लिए और हम जो नहीं कर पाए, हमारे बच्चे करेंगे, यह सोचकर शादी करते हैं। लेकिन मदर मेरी और जोसेफ़ के जीवन में यह बालक आया ही उस समझ और उस पवित्र भावना के द्वारा कि यह बड़ा होकर विश्व में क्रांति लाए।

ऐसे कितने माता-पिता हैं जो इस समझ से बच्चा पैदा करते हैं? इस दृष्टिकोण से जो लोग मदर मेरी का महत्त्व समझ पाए, वे उनकी पूजा करते हैं। क्योंकि **उन्होंने ऐसी उच्च चेतना को जन्म दिया, जिसने और बहुतों को जन्म दिया**। अर्थात जीज़स ने कई लोगों को दूसरा नया जन्म दिया।

यहाँ पर एक और महत्त्वपूर्ण तथ्य पर ग़ौर करें कि कुँवारी मेरी का मनोशरीरयंत्र (मानव शरीर) जीज़स को जन्म देने के लिए तैयार था इसलिए उसके साथ यह परम घटना घटी। इसके पश्चात वह मदर मेरी कहलाई। इस घटना से यह भी दर्शाया गया कि जिस इंसान में ईश्वर के सामने पूर्ण रूप से समर्पित होने का भाव जगता है, 'मेरा मनोशरीर यंत्र ईश्वर की इच्छा अनुसार ढलने के लिए तैयार है, अब ईश्वर जैसा चाहे, इसका इस्तेमाल कर सकता है,' तब मदर मेरीवाली अवस्था आती है।

मदर मेरी शुद्ध थी, पवित्र थी इसलिए वह जीज़स की काया को जन्म दे पाई। लेकिन यदि आपके भीतर जीज़स का जन्म होना है तो आपका मनोशरीर यंत्र मदर मेरी की तरह ही शुद्ध और पवित्र होना चाहिए। तभी आपमें जीज़स चेतना का जन्म हो सकता है।

जीज़स की काया को जन्म देते समय मदर मेरी की चेतना उच्च स्तर पर थी। इसलिए गर्भावस्था में ही नन्हे जीज़स पर संस्कार पड़ने शुरू हुए थे। उसमें यह भाव था कि वह ईश्वर के पुत्र को जन्म देनेवाली है। जब आपके भीतर भी यह भाव आने लगता है तब आप मदर मेरी को समझ पाते हैं और उसी भाव से कहते हैं, 'अब हमारे (शरीर) द्वारा तुम्हारी इच्छा ही पूर्ण हो (Thy will be done)।'

मुक्तिदाता को जन्म देने के लिए मदर मेरी संपूर्ण रूप से पात्र थी। उन्हें जीज़स को जन्म देने से पहले ही आत्मसाक्षात्कार प्राप्त हुआ था। वही आत्मसाक्षात्कार जो संत मीराबाई को हुआ था। मदर मेरी ने जीज़स को ज्ञान सिखाया नहीं, वह तो चुपचाप अपना काम करके चली गई। मगर जीज़स के द्वारा जो अभिव्यक्ति हुई, वह प्रकट रूप में लोगों के सामने आई इसलिए उनका नाम आज भी लोग याद रखते हैं। मदर मेरी द्वारा जीज़स को जन्म देनेवाली घटना में कुछ लोग सोचते हैं कि जीज़स की शिक्षाओं का असर मदर मेरी पर हुआ, जबकि हक़ीक़त में जीज़स में मदर मेरी की समझ (चेतना) का प्रभाव था, जो उन्हें गर्भ में ही प्राप्त हुई थी। जब बच्चा माँ के पेट में होता है तब माँ की जो समझ होती है, वह उस बच्चे पर असर करती है। उस समय में अगर वह नफ़रत, ईर्ष्या, द्वेष से भरी हो, सास–देवरानियों

से झगड़े करने में उलझी हो तो फिर उच्च चेतना कैसे प्रकट होगी?

मदर मेरी को उच्च चेतना को जन्म देने के लिए चुना गया था। इसलिए उसे कुँवारी, पवित्र, शुद्ध चेतना कहा गया है, जिसमें व्यक्ति के अहंकार की मिलावट नहीं थी। वरना इंसान के द्वारा ईश्वर बात करना चाहता है पर अहंकार बीच–बीच में आता रहता है। उच्च चेतना की अवस्था में जाने के बाद बहुत से लोगों को ईश्वरीय अनुभव होता है। जब किसी के साथ ऐसी शुरुआत होती है, तब उन्हें आश्चर्य होता है कि उनके द्वारा ऐसे शब्द कैसे निकलरहे हैं, जो पहले कभी नहीं निकले थे। हालाँकि किसी के साथ ऐसा थोड़े समय के लिए ही होता है लेकिन मदर मेरी में 'थोड़े समय की संभावना' एकदम ख़त्म हो गई और उनमें सदा के लिए पवित्रता की पात्रता तैयार हो गई। ऐसी ही अवस्था में उच्च चेतना का जन्म हुआ क्योंकि वहाँ पर अब Thy will be done समर्पण का भाव आ चुका था।

मदर मेरी को लोग इसलिए पूजते हैं क्योंकि वहाँ पूर्ण समर्पण था। मीरा हो या मेरी, दोनों में वही अवस्था है। मीरा ने नए रूप में कृष्ण लौटाया, माँ मेरी ने आत्मबलिदान की मिसाल, जीज़स लौटाया। दोनों ने एक ही तरह की भूमिका निभाई मगर अलग–अलग ढंग से। दोनों ही बाँसुरी बन चुकी थीं। बाँसुरी यानी ख़ाली होना, कुछ नहीं होना, ऐसे बाँसुरी के द्वारा कैसा संगीत बजेगा? यह आप मरियम और मीरा के जीवन से सुन सकते हैं। इससे हमें यह समझना है कि जीज़स का जन्म हमारे अंदर होना चाहिए यानी वह चैतन्य चेतना हमारे अंदर जगनी चाहिए। मदर मेरी इस बात के लिए तैयार थी, 'इस शरीर द्वारा उच्च चेतना की इच्छा पूर्ण हो, मैं इसमें बाधा नहीं बनूँगी।' जोसेफ़, जिसके साथ मदर मेरी की शादी होनेवाली थी, उसमें वह चेतना जगाई गई और उसे समझ दी गई क्योंकि वह भी ईश्वर का एक भक्त था इसलिए वह जोड़ी चुनी गई थी। वे किसी व्यक्ति की महत्त्वाकांक्षा से शादी नहीं कर रहे थे। वहाँ जो शादी थी, वह महान मुक्तिदाता की काया को पैदा करने के लिए थी। वहाँ शुद्ध भाव और संपूर्ण समर्पण था।

4

जन्मदिन का तोहफ़ा

25 दिसंबर के दिन यीशु क्राईस्ट यानी जीज़स (के शरीर) का जन्म हुआ था। यह दिन पूरे विश्व में धूमधाम से मनाया जाता है। मगर सही मायने में क्रिसमस कैसे मनाए? इस सवाल के कई जवाब आएँगे। हर कोई अपनी चेतना के स्तर के हिसाब से जवाब देगा। बहुत कम लोग चैतन्य की चेतना से जवाब देंगे। चैतन्य चेतना यानी 'क्राईस्ट कॉन्शियसनेस।' कितने लोग उस चेतना से जवाब दे पाएँगे? क्योंकि वहाँ से जवाब देना है तो पहले अपने अंदर सजगता और होश लाना होगा तभी जवाब निकलेंगे वरना व्यक्ति के अहंकार की चेतना से ही जवाब निकलेंगे। क्राईस्ट का जन्म यानी चैतन्य, होश का प्रकटीकरण जन्म। यह विशेष दिवस मनाना है तो इस दिन असल में जिस सत्य का जन्म हुआ, उसे जो पसंद है, वह उसे देना चाहिए।

जीज़स को हम अपनी सारी बुरी आदतें, अपने पाप कर्म, अज्ञान दे देंगे और उनकी आज्ञा का पालन करेंगे तो आपने उन्हें सही उपहार दिया, सही मायने में क्रिसमस मनाई, ऐसा कहा जा सकता है।

आप किसी के जन्मदिन पर जाते हैं तो उसे कैसा तोहफ़ा देते हैं - वैसा जो उसे पसंद हो या वैसा जो आपको पसंद है? आप यही सोचते हैं कि जिसका जन्मदिन है, उसे उसकी पसंद का तोहफ़ा दिया जाए। जिसके लिए आपको उसकी चेतना में जाना पड़ता है। बिलकुल इसी तरह क्राईस्ट का जन्मदिन मनाना है तो आपको उनकी चेतना को समझना होगा कि उस चैतन्य को क्या पसंद है। इसके बाद उसे वही दिया जाना चाहिए।

ज़रा सोचें कि क्या जीज़स को सूली पसंद थी, जो उन्हें दी गई? नहीं, लेकिन लोगों ने उन्हें वही दिया क्योंकि वे जान ही नहीं पाए कि क्राईस्ट का जन्म क्यों हुआ है? उन्हें तोहफ़े में उन लोगों द्वारा सूली दी गई, उनमें अहंकार की चेतना काम कर रही थी। फिर कई सालों बाद कुछ समझदार लोगों ने सोचा, 'अरे! वहाँ तो बहुत उच्चतम चेतना थी, उसे जो दिया गया, वह क्यों दिया गया? और क्या देना चाहिए था?'

हर जन्मदिवस हक़ीक़त में निमित्त दिवस होता है – सत्य पर मनन करने के लिए। 'क्रिसमस' का दिन भी यह सोचने का, मनन करने का दिवस है कि क्राईस्ट को क्या तोहफ़ा दिया जाए? इस दिवस पर वाक़ई मनन करें, सोचकर देखें कि आज तक आपने किसी को तोहफ़े में जो कुछ भी दिया है, वह कैसा था? अब क्राईस्ट को क्या दिया जाए? जवाब आएगा, 'क्राईस्ट को न तोहफ़े देने से बात बनती है और न ही मिठाइयाँ देने से।' फिर आप एक ऐसे मुक़ाम पर पहुँचेंगे, जब वह चेतना जो चाहती है, वही आप कर पाते हैं। अर्थात वहाँ जो आज्ञा दी गई, उसके अनुसार यदि आप जी पाएँ तो जीज़स के लिए यह सही मायने में तोहफ़ा होगा। क्योंकि उस चेतना से भी यही जवाब आएगा कि उन्हें सत्य के साथ जीने का प्रण करने जैसा तोहफ़ा चाहिए। यह वचन जो दे सकते हैं वे दें और जो समझ सकते हैं वे समझें।

जीज़स को समझना है तो जीज़स बनकर ही समझना होगा। जिसके लिए जीज़स द्वारा कहे गए सत्य वचन पढ़ें, सुनें, समझें तो ही आप उसके असली अर्थ को समझ पाएँगे।

जिनके कान खुलने लगते हैं यानी जो सत्य की शिक्षाओं को समझने लगते हैं, वे रुककर मनन करते हैं, सोचते हैं, सवाल पूछते हैं, 'जीज़स द्वारा जो बताया गया उसका अर्थ क्या था? हम उसे और गहराई से समझकर, जीवन में उसका सही इस्तेमाल कैसे करें?'

अपनी चेतना में तो एक आम इंसान सुबह से लेकर रात तक घूमता है और इसके लिए उसे कुछ सोचना या मनन करना नहीं पड़ता। वह सब बेहोशी में ही चलता रहता है लेकिन दूसरों की चेतना में जाना है तो होश

रखना पड़ता है। यह होश तब जागृत होता है, जब आप जीज़स जैसी चेतना को समझने लगते हैं। यदि आप जीज़स की शिक्षाओं पर अमल कर पाते हैं तो ही सही मायने में क्राईस्ट का जन्मदिन मना पाएँगे और चैतन्य-चेतना को अपने भीतर जगा पाएँगे।

5

जीज़स के जन्म की भविष्यवाणी

जीज़स के जन्म के बारे में ऐसी भविष्यवाणी की गई थी, 'यहूदिया प्रांत के बेथलेहम में एक ऐसे शासक का जन्म होगा, जो इज़राइल के लोगों का पथप्रदर्शक बनकर उनका उद्धार करेगा।' इस भविष्यवाणी की जानकारी उस समय के तीन बुद्धिमान संतों (जिन्हें मेगाय कहा जाता था) को थी। जीज़स के जन्म के बाद उन तीन बुद्धिमान संतों को संकेत मिल गया कि 'मसीहा' का जन्म हो चुका है। यहूदिया के स्थानीय शासक राजा हेरॉड (King HEROD) को भी जीज़स के जन्म का समाचार मिला, जिससे वह विचलित हो गया क्योंकि भविष्यवाणी के अनुसार जीज़स यहूदियों का उद्धार करनेवाले थे। इससे राजा हेरॉड के अत्याचारों पर विराम लगने की संभावना थी।

राजा ने उन तीन बुद्धिमान संतों को आदेश दिया कि वे उस नवजात शिशु का पता लगाएँ ताकि वे भी उस ईश्वर पुत्र का दर्शन करके उसकी पूजा, अर्चना कर सकें। किंतु राजा हेरॉड के दिल में छिपे कपट का आभास संतों को हो गया। वे आकाश में नवोदित नक्षत्र से दिशा निर्देश प्राप्त करते हुए बेथलेहम पहुँचे। जहाँ जीज़स का जन्म हुआ था, वहाँ रुककर उनका दर्शन करके श्रद्धापूर्वक नतमस्तक हुए।

उन्होंने बालक की पूजा की और काफ़ी स्वर्ण, सुगंधित इत्र तथा लोहबान आदि का उपहार देकर दूसरे रास्ते से अपने स्थान वापस चले गए। चूँकि राजा के इरादों का उन्हें पता चल गया था इसलिए उन लोगों ने राजा से मिलना भी उचित नहीं समझा।

इसी बीच एक देवदूत ने स्वप्न में जोसेफ़ को आगाह किया कि राजा हेरॉड उसके बच्चे जीज़स का वध करना चाहता है। अतः वह जीज़स और मेरी के साथ बेथलेहम छोड़कर यूनान चला जाए और तब तक यूनान में रहे, जब तक उसे देवदूत द्वारा दूसरा निर्देश न मिले। स्वप्न के तुरंत बाद जोसेफ़ पत्नी और पुत्र सहित यूनान चला गया। राजा हेरॉड को तीन बुद्धिमान संतों की चालाकी का पता चला तो वह अत्यंत क्रोधित हुआ। उसने अपने सिपाहियों को हुक्म दिया कि बेथलेहम और उसके आस-पास दो साल या उससे कम उम्र के जितने बच्चे हैं, उन्हें जान से मार दिया जाए। इस आदेश के अनुसार अनेक बच्चों का वध कर दिया गया किंतु उसके पहले ही जीज़स अपने माता-पिता सहित सुरक्षित यूनान पहुँच चुके थे।

कई मासूम बच्चों की हत्या करके राजा हेरॉड को पश्चाताप महसूस हो रहा था। समय के साथ उसका हृदय परिवर्तन होने लगा और उसने जीज़स को मारने का विचार त्याग दिया। उसके हृदय परिवर्तन के बाद देवदूत ने पुनः स्वप्न में दर्शन देकर जोसेफ़ को आदेश दिया कि वह इज़राइल वापस चला जाए क्योंकि अब जीज़स को कोई ख़तरा नहीं था, अतः जोसेफ़, मेरी और जीज़स के साथ गॅलेली नामक जिले के नाज़रेथ स्थान पर आकर शांतिपूर्वक रहने लगा। पैगंबर ने जीज़स के बारे में जो भविष्यवाणियाँ की थीं उसमें एक यह भी भविष्यवाणी थी कि ईश्वर का पुत्र 'नज़रिने'- नाज़रेथ का रहनेवाला- नाम से पुकारा जाएगा। संभवतः यही कारण है कि जीज़स की बाल्यावस्था नाज़रेथ में व्यतीत हुई।

बचपन में जीज़स हमेशा जेरुशलम के मेले में जाया करते थे। मेले में एक बार जब मदर मेरी और जोसफ़ यात्रा से वापस लौट रहे थे तब उन्होंने देखा कि जीज़स उनके साथ नहीं हैं। उन्हें लगा कि जीज़स पीछे से किसी संघ में आ रहे हैं मगर देखा कि वे नहीं आए तब उन्हें बहुत चिंता हुई, वे दोनों परेशान हो गए। छोटी उम्र में जीज़स कहीं खो न जाए इसलिए जीज़स को ढूँढ़ते हुए उसके माता-पिता वापस जेरुशलम गए। वहाँ पर उन्होंने देखा कि जीज़स ईश्वर के मंदिर में लोगों के बीच चर्चा में बैठे हुए थे। दोनों ने जीज़स से कहा,'तुम्हें हमारी चिंता नहीं हुई? तुम इस बात से वाक़िफ़ नहीं थे कि तुम्हें अपने साथ न पाकर हमें कितनी तकलीफ़ हुई होगी?' तब

जीज़स ने अपनी माँ से कहा, 'क्या तुम्हें पता नहीं कि मुझे पिताजी के घर में ही रहना है, तुम तो जानती हो वह बात।' जीज़स का जवाब सुनकर मेरी को झटका लगा और उसे देवदूत का संदेश फिर से याद आ गया कि जीज़स एक मुक्तिदाता है और लोगों का उद्धार करने के लिए जन्मे हैं।

जेरुशलम में बुद्धिमानों के सत्संग के बाद अपने माता-पिता के साथ जीज़स वापस नाज़रेथ आ गए। मदर मेरी और जोसेफ़ को ऐसा लगने लगा कि बच्चे का विकास ईश्वरीय योजना के अनुसार ही हो रहा है। जीज़स बड़े होकर समाज के लोगों को शिक्षित जो करने लगे थे।

खण्ड 2

जीज़स का धर्मसंस्कार और चमत्कार

6

जीज़स का धर्म संस्कार

ईसाई धर्म में बैप्टिज़म का बड़ा महत्त्व होता है। जैसे हिंदुओं में जनेऊ, 'नामकरण संस्कार' होता है, वैसे ही ईसाइयों में 'बैप्टिज़म' होता है। जिस तरह गंगा में नहाकर लोग पवित्र महसूस करते हैं, उसी तरह 'बैप्टिज़म' पाकर लोग पवित्र होते हैं।

उस समय की रीतिरिवाज के अनुसार जीज़स को भी धार्मिक संस्कार से बैप्टाइज़्ड होना था। जॉन नाम के धर्म गुरु उन दिनों उचित उम्र के लोगों को बैप्टाइज़्ड करते थे। जीज़स भी उनके पास धार्मिक संस्कार कार्य के लिए गए किंतु उन्होंने जीज़स से कहा,'अब तक मैं ज़ॉर्डन नदी के पानी से नहलाकर लोगों के पाप धोकर उन्हें बैप्टाइज़्ड करता था मगर मुझे आपके जैसे व्यक्ति की तलाश थी, जो ईश्वरीय भावना से पवित्र कर मुझे बैप्टाइज़्ड करे। अब आप आ ही गए हैं तो मैं आपको बैप्टाइज़्ड नहीं करूँगा बल्कि आप मुझे बैप्टाइज़्ड करेंगे।' लेकिन जीज़स के ज़ोर देने पर जॉन ने उन्हें बैप्टाइज़्ड किया।

बैप्टिज़म संस्कार के बाद जब जीज़स पानी से बाहर आ रहे थे तब उन्हें आभास हुआ कि ईश्वरीय चेतना स्वर्ग से नीचे उतरकर कह रही है,'तुम हमारे पुत्र हो, जिससे मैं प्रेम करता हूँ और तुमसे अत्यंत प्रसन्न हूँ।' बैप्टिज़म के बाद जीज़स ईश्वरीय चेतना से ओत-प्रोत होकर, कई दिनों तक बिना खाए-पीए ईश्वर का मनन करते रहे।

जीज़स को शैतान द्वारा प्रलोभन

कई दिनों के उपवास ने जीज़स के शरीर को कमज़ोर बना दिया था किंतु ईश्वर के साथ संयोग या मिलाप की वजह से वे आनंदित व शांत थे और अपने आपको अपनी अंतरात्मा के साथ मिलाए हुए थे। उनके चेहरे पर ईश्वरीय तेज चमक रहा था। इसी दौरान जीज़स को ललचाने के लिए और उन्हें पथभ्रष्ट करने के लिए शैतान उपस्थित हुआ।

शैतान ने जीज़स से कहा, 'यदि तुम वास्तव में ईश्वर के पुत्र हो तो इस पत्थर को पाव-रोटी (ब्रेड) में रूपांतरित कर दो।'

जीज़स ने उत्तर दिया, 'ऐसा लिखा गया है कि मनुष्य सिर्फ़ पावरोटी के सहारे ही नहीं जीवित रहता है। वह उस प्रत्येक शब्द से जीता है, जो परमेश्वर के मुख से निकलता है।'

फिर शैतान जीज़स को ऊँचे स्थान पर ले गया और संसार के राजघरानों का वैभव और संपत्ति दिखाकर पुनः लालच देते हुए कहा, 'देखो जीज़स ये सारा वैभव, सारी दौलत तुम्हारी हो सकती है। मैं ये सब कुछ तुम्हें दे दूँगा। इन सब पर सिर्फ़ तुम्हारा अधिकार होगा केवल तुम्हें मेरी पूजा करनी पड़ेगी।'

जवाब में जीज़स बिना विचलित हुए कहने लगे, 'ऐसा लिखा है कि सिर्फ़ मालिक की और अपने ईश्वर की पूजा करो, केवल ईश्वर की ही सेवा करो।'

हारकर शैतान ने जीज़स को देवस्थान के सबसे ऊँचे स्थान पर ले जाकर कहा, 'यदि तुम सच में ईश्वर पुत्र हो तो यहाँ से छलाँग लगाकर कूद जाओ। तुम्हारे ईश्वर के देवदूत तुम्हें हवा में ही अपनी गोद में पकड़कर तुम्हारी रक्षा करेंगे। इस प्रकार तुम्हारे ईश्वर की शक्ति की परीक्षा भी हो जाएगी।' जीज़स ने शांत रहकर उत्तर दिया, 'ईश्वर के बारे में ऐसा भी लिखा गया है कि अपने मालिक, अपने ईश्वर की शक्ति की परीक्षा मत लेना।'

इस प्रकार शैतान अनेक प्रकार के प्रलोभनों और तानों के बावजूद भी जीज़स को टस से मस नहीं कर सका। वह इस उम्मीद के साथ, निराश

होकर चला गया कि भविष्य में किसी उपयुक्त समय पर वह जीज़स को पुनः पथभ्रष्ट करने में सफलता पा लेगा।

इसी दौरान कुछ समय उपरांत राजा हेरॉड द्वारा, जीज़स को बैप्टिज़म देनेवाले जॉन धर्म गुरु को रास्ते से हटा दिया गया। राजा हेरॉड ने लोगों पर कई प्रकार से अत्याचार किए थे।

इसके बाद जीज़स का सेवा कार्य आरंभ हुआ। उन्होंने अपने आस-पास के लोगों को शिक्षित करना शुरू कर दिया। पहाड़ पर लोगों को ले जाकर, उन्होंने जो उपदेश दिया, उसे 'सरमन ऑन माउन्ट' के नाम से आज भी जाना जाता है। हर तरह लोगों ने उनसे ज्ञान प्राप्त किया। बिना किसी भेदभाव के जीज़स सबको ईश्वर का संदेश देने लगे। अपनी साधना और उपासना के फलस्वरूप ईश्वर का पुत्र होने की वजह से उनमें अनेक चमत्कारिक गुण आ गए। आवश्यकतानुसार उन्होंने अपने चमत्कार का प्रदर्शन भी किया या यूँ कहें उनके शरीर द्वारा लोगों को चमत्कारों का दर्शन हुआ। लोगों को विश्वास होने लगा कि यह केवल ईश्वर पुत्र बनकर नहीं आया है बल्कि स्वयं ईश्वर ने सबका दुःख-दर्द दूर करने के लिए एक मसीहा के रूप में अवतार लिया है।

7

जीज़स द्वारा हुए चमत्कार

1. विधवा के इकलौते बेटे का जीवन

एक विधवा के इकलौते पुत्र की मृत्यु के बाद उसके मृत शरीर को लोग दफ़नाने के लिए ले जा रहे थे। विधवा रोती, बिलखती ताबूत के पीछे-पीछे जा रही थी। उसी समय अपने शिष्यों सहित जीज़स उधर से गुज़र रहे थे। उस विधवा को रोते देखकर वे उस ताबूत के पास आए तथा ताबूत छूकर कहा,'ऐ नौजवान! तुमसे कहा जा रहा है कि उठकर अपनी माँ को देखो, जो पुत्र वियोग में विलाप करके बेहाल हुई जा रही है।' सबने आश्चर्य मिश्रित आनंद से देखा कि वह मरा लड़का जीवित हो गया है और लोगों से ऐसे बातचीत करने लगा जैसे कुछ हुआ ही न हो। फिर ईश्वर पुत्र जीज़स को, लड़के की माँ ने असंख्य धन्यवाद दिए।

2. मेज़बानों की इज्ज़त बचाई

एक बार शादी के भोज में जीज़स अपनी माँ और शिष्यों के साथ गए। थोड़ी देर बाद मदर मेरी घबराई हुई आई और जीज़स से कहा,'जीज़स मेज़बानी में मेहमानों को दी जानेवाली मदिरा (वाइन) ख़त्म हो चली है जबकि अभी भी काफ़ी मेहमानों को खिलाना-पिलाना बाक़ी है। कुछ ऐसा करो कि मेज़बान की इज्ज़त बची रहे।' सेवा देनेवाले बेयरों से जीज़स ने 6 बड़े पत्थर के बरतनों में पानी भरवाया। बाद में उन बरतनों का पानी लोगों को पिलाया गया तो लोग आश्चर्यचकित रह गए। उन पत्थर के बरतनों में भरा पानी सुगंधित, सुस्वादिष्ट मदिरा बन चुका था। इस प्रकार मेज़बान

की इज्ज़त तो बची ही और जीज़स के शिष्यों को अपने गुरु की शक्ति के ऊपर विश्वास और भी दृढ़ हो गया।

3. प्रेतात्मा से मुक्ति

एक बार एक इंसान दुष्ट आत्मा के प्रभाव से ग्रसित जीज़स से चिल्ला-चिल्लाकर कह रहा था, 'नाज़रेथ के जीज़स! तुम हम लोगों से क्या चाहते हो? तुम हम लोगों को बरबाद करना चाहते हो?' उस इंसान को देखकर जीज़स को लगा कि कुछ भी ठीक-ठाक नहीं है। उन्होंने उस आदमी का हाथ पकड़कर झटक दिया, जिससे दुष्ट आत्मा का प्रभाव ख़त्म हो गया और वह साधारण अवस्था में आकर जीज़स के सामने नतमस्तक हो गया। इस प्रकार पैशाचिक शक्तियों पर विजय दिखाकर जीज़स ने उस समय के लोगों का भय दूर किया।

4. बीमारी से मुक्ति

एक बार जीज़स अपने शिष्यों सहित साइमन के घर गए और देखा कि साइमन की सास बुखार से पीड़ित थी। जैसे ही जीज़स ने अपने हाथ से साइमन की सास को स्पर्श किया तो उसका बुखार उतर गया। उस गाँव में आए सभी बीमार लोगों को स्पर्श करके जीज़स ने उन सबको निरोग कर दिया। इस प्रकार प्रतिदिन प्रातःकाल उठकर लोगों में ईश्वर के प्रति प्रेम की चर्चा करके उन्हें धर्मोपदेश देना और बीमार लोगों को स्वस्थ करना जीज़स की दिनचर्या बन गई थी।

5. कुष्ठरोगी को निरोग करना

जीज़स पहाड़ी इलाके से उतरकर अपने शिष्यों समेत समतल पर आ गए तथा उनके पीछे-पीछे अनेक लोग चल पड़े थे। उनमें से एक आदमी कुष्ठरोग से पीड़ित था। एक दिन वह जीज़स के सामने घुटने के बल खड़ा होकर प्रार्थना करने लगा, 'हे परमेश्वर पुत्र! मेरी हालत देखिए तथा मुझ पर दया करके मुझे स्वस्थ बनाइए।' जीज़स ने बेझिझक उस आदमी के पास जाकर उसका हाथ थाम लिया और उससे आश्वासनभरे शब्दों में कहा, 'मैं

तुम्हें स्वस्थ देखना चाहता हूँ।' जैसे ही जीज़स के मुँह से ये शब्द निकले वह कुष्ठरोगी क्षणभर में एकदम स्वस्थ हो गया और खुशी के मारे उत्तेजित होकर जीज़स को धन्यवाद देने लगा।

जीज़स ने उसे मना किया था कि इस बात को वह किसी से न कहे किंतु इसके विपरीत ही हुआ। उस इंसान ने अपने आस-पड़ोस के सभी लोगों को बताया कि किस प्रकार ईश्वर पुत्र जीज़स ने उसे स्वस्थ किया है। इस प्रकार जीज़स का आबादीवाले शहरों में खुलेआम आना-जाना मुश्किल हो गया। वे शहरों के बाहर ही एकांत में ईश्वर की आराधना करने लगे, फिर भी लोग अपनी तकलीफ़ों का निदान कराने के लिए उनके पास आते ही रहते थे।

6. तूफ़ान शांत करना

जीज़स एक झील के किनारे अपने शिष्यों सहित निवास कर रहे थे। एक दिन उन्होंने शिष्यों सहित नाव में बैठकर झील के उस पार जाने की इच्छा व्यक्त की। सभी लोग नाव पर सवार होकर थोड़ी दूर झील में गए थे कि अचानक बड़ी तेज़ हवा आई और तूफ़ान में परिवर्तित हो गई। उस समय जीज़स नाव के पिछले हिस्से में विश्राम कर रहे थे। सभी शिष्य उनके पास गए और तूफ़ानी हवा से नाव के डगमगाते दृश्य का वर्णन किया। जीज़स तुरंत उठकर बाहर आए और उन्होंने तूफ़ानी हवा और लहराते पानी को फटकार लगाई। क्षणभर में सब कुछ शांत हो गया और नाव पूर्ववत चलने लगी। जीज़स ने अपने शिष्यों को झिड़की देते हुए कहा, 'तुम लोग भयभीत क्यों हुए? ईश्वर के प्रति तुम्हारी आस्था कहाँ गई?' इससे वे सभी अचंभित हो गए। जीज़स के कहने भर से तूफ़ान का रुक जाना, इस दृश्य से सारे शिष्य अचंभित तो थे ही बल्कि ऐसी झिड़की सुनकर वे पुनः आश्चर्यचकित होने लगे कि वास्तव में जीज़स हैं कौन, जिनके कहने से तूफ़ान रुक जाता है, झील की ऊँची लहरें शांत हो जाती हैं तथा अन्य कई चमत्कार होते रहते हैं।

7. यहूदियों की विरोधी कौम का दिल जीतना

जीज़स अब अपने आपको लोगों की सेवा के लिए अर्पित कर चुके थे। उन दिनों सामरिया में रहनेवाले लोगों को, जिन्हें सामरिटेंस कहा जाता था, यहूदियों के प्रति इसलिए घृणा थी कि यहूदी उनके साथ मेल-मिलाप नहीं रखते थे। जीज़स का जन्म यहूदी घराने में हुआ था इसलिए वे सामरिटेंस के प्रिय नहीं थे।

एक बार लोक सेवा के भ्रमण के दौरान जीज़स सामरिया के साइचर नगर में पहुँचे। वहाँ जैकब नामक सामरिटेंस द्वारा निर्मित कुँए पर थकान से मुक्ति पाने के लिए विश्राम करने लगे। जीज़स के पास न तो कोई बरतन था और न रस्सी या अन्य साधन जिससे वे कुँए से पानी निकाल सकें। उन्हें प्रतीक्षा थी कि कोई कुँए पर पानी लेने आएगा तो उससे पानी लेकर अपनी प्यास बुझाएँगे।

थोड़ी देर बाद एक सामरिटेंस महिला पानी लेने के लिए कुँए पर आई। जीज़स ने उससे पीने के लिए पानी माँगा। उस महिला ने कहा, 'साधारणतः यहूदी लोग सामरिटेंस लोगों से मिलना-जुलना पसंद नहीं करते हैं, किंतु आप यहूदी होते हुए भी एक सामरिटेंस महिला से पीने के लिए पानी माँग रहे हैं, यह तो एक अजीब बात है।'

जीज़स ने उत्तर दिया, 'तुम ऐसा इसलिए कह रही हो क्योंकि तुम्हें ईश्वर द्वारा दी गई चीज़ों की जानकारी नहीं है, यदि तुम माँगती तो तुम्हें वास्तविक 'जीवन-जल' मिल सकता है। जिसे पीने से हमेशा के लिए प्यास बुझ जाती है। जो पानी तुम पिलानेवाली हो उससे तो अस्थायी रूप से प्यास बुझती है लेकिन उसके कुछ समय बाद फिर से प्यास लगनी शुरू हो जाती है, जबकि 'जीवन-जल' (living water) स्थायी रूप से प्यास बुझा देता है।' उस सामरिटेंस महिला की समझ में नहीं आया कि जीज़स क्या कह रहे हैं। किंतु उसे ऐसा आभास होने लगा था कि पानी माँगनेवाला मनुष्य कोई असाधारण व्यक्ति है। अतः कुछ सोचकर उस महिला ने जीज़स से पूछा, 'क्या आप हमारे पिता जैकब से बड़े हैं, जिन्होंने यह कुँआ बनवाया और इस कुँए से पीने के लिए पानी वे स्वयं निकाला करते थे।'

जीज़स ने कहा, 'मैं जिस 'जीवन-जल' की बात कर रहा हूँ, वह जल पीनेवालों के अंदर एक स्थायी झरने से निकलता है, जो अनंत काल तक प्यास बुझाता रहता है, जबकि इस कुँए का पानी, जैसा पहले कह चुका हूँ, अस्थायी रूप से प्यास बुझाता है।'

उस महिला ने जीज़स के बारे में सुन रखा था कि कोई मसीहा अवतरित हुआ है लेकिन जीज़स को सामने पाकर वह उन्हें पहचान नहीं पाई थी। कुछ सोचकर थोड़ी देर बाद उस महिला ने जीज़स से पूछा, 'क्या आप मुझे स्थायी रूप से प्यास बुझानेवाला 'जीवन-जल' दे सकते हैं?'

जीज़स ने कहा, 'यदि तुम्हें वास्तव में 'जीवन-जल' चाहिए तो तुम्हें अपने पतिदेव को बुलाना पड़ेगा।' उस महिला ने उत्तर दिया कि उसका तो पति है ही नहीं। इस पर जीज़स ने कहा, 'मुझे मालूम है कि तुम्हारे पाँच पति रह चुके हैं और इस समय जिसके साथ तुम रह रही हो वह तुम्हारा पति नहीं है।'

एक अजनबी से अपने जीवन की सच्चाई जानकर वह महिला आश्चर्यचकित रह गई। वह जीज़स के पाँव पर गिर पड़ी और कहने लगी, 'अब मुझे विश्वास हो गया कि आप ही वह मसीहा हैं, जिनकी चर्चा मैं सुन चुकी हूँ। हम और हमारे पुरखे तो बस इस पहाड़ की पूजा करते रहे हैं, जबकि आप यहूदी लोगों के अनुसार वास्तव में पूजनीय स्थल तो जेरुशलम में है।'

जीज़स ने कहा, 'अब समय आनेवाला है जब लोग न तो पहाड़ की पूजा करेंगे और न जेरुशलम में पूजा करेंगे। सामरिटेंस और यहूदियों में सिर्फ़ इतना अंतर है कि सामरिटेंस उसकी पूजा करते हैं, जिसे वे जानते ही नहीं और यहूदी उनकी पूजा करते हैं जिसे वे जानते हैं। अब समय आ गया है जब पूजा करनेवाले सिर्फ़ ईश्वर की पूजा करेंगे, जिसमें सत्य और भावना का समावेश होगा। मैं तो सिर्फ़ ज्ञान देकर लोगों को ईश्वर के अस्तित्व की जानकारी दे रहा हूँ।'

वह महिला ख़ुशी से चिल्लाती हुई नगर की तरफ़ दौड़ती हुई चली गई और कहती गई, 'वह पैगंबर, वह मसीहा और वह ईश्वर पुत्र आप ही

हैं। मैं अपने नगरवासियों को अभी इसकी सूचना देने जा रही हूँ कि मसीहा हमारे नगर में हमें पापों से मुक्ति दिलाने के लिए पधार चुके हैं।' उसने नगर में लोगों को बताया कि जिस मसीहा की हम प्रतीक्षा कर रहे थे, वे कुँए पर बैठे हैं, वह हमारे नगर में आ चुके हैं। सारे नगरवासी कुँए पर एकत्र हो गए और बड़े आदर के साथ जीज़स और उनके शिष्यों को अपने नगर में ले गए। फिर दो दिनों तक सेवा, सत्कार और मेज़बानी की।

8. जीवन दान – मृत्यु पर विजय

यह उस समय की बात है, जब जीज़स धर्म प्रचार के लिए जगह–जगह घूम रहे थे। बेथनी गाँव में मेरी और मार्था नाम की दो बहनें अपने भाई लजारस के साथ रहती थीं। उन लोगों को जीज़स की ईश्वरीय शक्ति पर पूरा भरोसा था और वे उनका बहुत आदर करती थीं। एक बार लजारस गंभीर रूप से बीमार पड़ा और उसके बचने की संभावना एकदम ख़त्म हो गई थी। दोनों बहनों ने जीज़स के पास भाई की बीमारी का संदेश भिजवाया और उन्हें अपने गाँव आने का निवेदन किया।

जीज़स को समय पर संदेश मिला, किंतु उन्होंने जल्दबाज़ी में बेथनी गाँव जाने के बदले संदेशवाहक को आश्वस्त किया, 'लजारस की मौत नहीं होगी। प्रभु की इच्छा है कि उसकी बीमारी की वजह से ईश्वर पुत्र की ख्याति और बढ़ेगी।' जीज़स को मेरी, मार्था और लजारस से अत्यंत प्रेम था, इसके बावजूद वे दो दिनों तक उनके गाँव नहीं गए। दो दिनों बाद उन्होंने अपने शिष्यों से कहा, 'लजारस की मौत हो चुकी है। अतः यहूदी बंधुओं के विरोध के बावजूद मैं वहाँ जाऊँगा, भले ही वे मुझे पत्थरों से मार दें।' जीज़स के शिष्यों को बहुत आश्चर्य हुआ कि जब लजारस की बीमारी का संदेश आया तो जीज़स वहाँ नहीं गए। अब उसकी मृत्यु के उपरांत जाएँगे तो वहाँ के यहूदियों के विरोध का सामना करना पड़ेगा किंतु जीज़स ने ज़ोर देकर वहाँ जाने का निर्णय किया।

वहाँ जाकर इन लोगों ने देखा कि अनेक यहूदी बंधु मेरी और मार्था के साथ संवेदना प्रकट कर रहे थे क्योंकि उनका भाई गुज़र चुका था। जीज़स के आने का समाचार सुनकर मार्था उनसे मिलने के लिए बाहर आई

और कहा, 'प्रभु! अब काफ़ी देर हो चुकी है। मेरा भाई चार दिनों पहले कब्र में दफ़ना दिया गया है।'

जीज़स ने मार्था से शांत स्वर में कहा, 'ईश्वर पर विश्वास रखो। लजारस – तुम्हारा भाई पुनः जीवित हो जाएगा।'

मार्था ने अपनी बहन मेरी को बुलाकर जीज़स के आने का समाचार दिया। मेरी फूट–फूटकर रोती हुई आकर जीज़स के पाँव पर गिर पड़ी। उसका रोना थमता ही नहीं था। जीज़स ने मेरी को शांत करते हुए लजारस की कब्र के बारे में पूछा, 'उसे कहाँ दफ़नाया गया है।'

उन्हें वह कब्र दिखलाई गई, जो कि एक गुफा थी और उसका मुँह एक पत्थर से बंद कर दिया गया था। जीज़स ने वह पत्थर हटाने के लिए कहा तो मार्था ने जीज़स को सूचित किया, 'लेकिन प्रभु! चार दिन पहले लजारस को दफ़नाया गया था। पत्थर हटाने के बाद चारों तरफ़ दुर्गंध फैल जाएगी।'

जीज़स ने कहा, 'ईश्वर पर विश्वास रखो और उनका गौरव देखो।' कब्र का पत्थर हटा दिया गया उसके बाद जीज़स ने ऊपर देखते हुए कहा, 'हे परमपिता! आपने मेरी बातों पर ध्यान दिया इसलिए मैं आपको धन्यवाद देता हूँ। मैं यह जानता हूँ कि आप मेरी बात हमेशा सुनते हैं लेकिन मैं इन लोगों के सामने इसे दोहराता हूँ ताकि इन्हें विश्वास हो जाए कि मुझे आपने यहाँ भेजा है।'

उसके बाद जीज़स ने ऊँची आवाज़ में कहा, 'लजारस बाहर आओ।' ऐसा कहने के बाद एक चमत्कार हुआ जो वहाँ पर मौजूद सभी लोगों ने देखा। लजारस कब्र से बाहर आ रहा था, जिसके हाथ और पाँव पर कपड़े लपेटे गए थे तथा मुँह कपड़े से ढँका हुआ था। जीज़स ने कहा, 'उसके ताबूतवाले कपड़े उतार दिए जाए और लजारस को घर जाने दिया जाए।'

इस घटना से जीज़स की बातों पर उनके विरोधी यहूदियों समेत सभी लोगों का विश्वास स्थापित हो गया।

9. जन्मांध को नेत्रज्योति प्रदान

एक जन्मांध मनुष्य को देखकर जीज़स के शिष्यों ने पूछा, 'प्रभु! यह आदमी अपने पापों की वजह से जन्म से अंधा है या अपने माता-पिता के पापों की वजह से?'

जीज़स ने उत्तर दिया, 'इनमें से कोई भी इसके अंधेपन का कारण नहीं है। वास्तव में ईश्वर के काम के लिए ऐसा हो सकता है।' ऐसा कहकर जीज़स ने थोड़ी मिट्टी लेकर अपने लार से उसे गीला किया, वह गीली मिट्टी उस अंधे मनुष्य की आँखों पर लेप दी और कुछ समय बाद उसे अपनी आँखें नज़दीक के पोखरे के पानी से धोने के लिए कहा।

अंधे मनुष्य ने वैसा ही किया जैसा जीज़स ने निर्देश दिया था और जब उसने आँखें खोली तो वह ख़ुशी से झूम उठा क्योंकि अब वह देख सकता था। उसी आनंद में भाव-विभोर होकर वह चिल्लाने लगा, 'हे ईश्वर! मैं देख सकता हूँ, इसके लिए मैं अत्यंत ख़ुश हूँ। मैं आपको असंख्य धन्यवाद देता हूँ।' उस अंधे के पड़ोसियों सहित अनेक लोगों ने यह चमत्कार देखा, जिस पर उनकी आँखें विश्वास करने में असमर्थ थीं किंतु यह एक सच्चाई थी।

10. अशक्त पंगु का 30 वर्ष बाद निरोगी होना

एक बार जीज़स यहूदियों के त्योहार के अवसर पर जेरुशलम गए। वहाँ पर एक पवित्र जलाशय (पोखरा) था जिसमें स्नान करने से अंधे, लँगड़े, लकवा से पीड़ित या अन्य तरह के अपंग मनुष्य ठीक हो जाते थे किंतु उस पोखरे के जल को तरंगित करके मथना जरूरी था। वहाँ के पंगु व्यक्तियों में एक व्यक्ति पिछले तीस वर्षों से अपने पैरों की अपंगता ठीक होने के इंतजार में उसी जलाशय के नजदीक एक चटाई पर बैठा था। होता यह था कि जब पोखरे का पानी तरंगित होकर मथा जाता था तो सब लोग भागदौड़ करके पहले पहुँच जाते थे और अच्छे होकर चले जाते थे। उस अपंग व्यक्ति को जल तक पहुँचना अत्यंत मुश्किल था क्योंकि उसके बाद के लोग धक्का-मुक्की करके उसे पीछे छोड़कर आगे चले जाते थे। जब तक वह पानी के नज़दीक जाता पानी का मथना रुक जाता था और अगले

मंथन तक उसे फिर से इंतज़ार करना पड़ता था।

जीज़स ने उसे देखा और नज़दीक जाकर पूछा, 'क्या तुम निरोगी होना चाहते हो?' उस व्यक्ति ने अपनी दुःखभरी कहानी जीज़स को सुना दी तथा कहा, 'कौन निरोगी होना नहीं चाहता? मैं पिछले कई वर्षों से प्रयास कर रहा हूँ लेकिन अब तक मुझे सफलता नहीं मिली।'

जीज़स ने कहा, 'ठीक है, अब तुम अपनी चटाई उठाकर चलना प्रारंभ करो।' पूरे विश्वास के साथ उस इंसान ने चटाई उठाई और चलना प्रारंभ किया। वहाँ उपस्थित सभी लोगों ने यह चमत्कार देखा लेकिन कुछ लोगों ने आपत्ति जताई कि वह चटाई समेत तालाब में न जाए। इस पर उसने कहा, 'जिस आदमी ने मुझे निरोग किया उसके निर्देश के अनुसार मैं चटाई समेत जा रहा हूँ।'

लोगों ने पूछा, 'तुम्हें किसने निरोग किया? इतने सालों बाद तुम पहली बार अपने पैरों पर खड़े हो गए हो, यह चमत्कार किसने किया?' तो लाख कोशिश के बावजूद उसे जीज़स कहीं दिखाई नहीं दिए। बाद में वह व्यक्ति जीज़स को ढूँढ़ता हुआ मंदिर में गया जहाँ पर उसे जीज़स मिले और उन्होंने उसे विश्वास दिलाया कि वह ईश्वर में विश्वास रखने की वजह से निरोग हुआ है तथा उसे समझाया कि वह अब पाप कर्मों से दूर रहे, अन्यथा उसे ज़्यादा दुःख सहने पड़ेंगे। उस व्यक्ति ने मंदिर से आकर यहूदियों को सूचित किया कि उसे निरोग करनेवाला और कोई नहीं बल्कि स्वयं ईश्वर पुत्र जीज़स है।

11. सच्चा चमत्कार है 'हृदय परिवर्तन'

एक टैक्स कलेक्टर ने उलटे सीधे तरीक़े से अपार संपत्ति इकट्ठा की थी। वह क़द में छोटा था अतः जब जीज़स उसके शहर में आए तो भीड़ की वजह से चाहकर भी वह जीज़स का दर्शन नहीं कर सका। जीज़स के गुज़रनेवाले रास्ते में वह पहले से ही आगे जाकर एक पेड़ पर चढ़ गया। जब जीज़स उस पेड़ के नीचे आए तो उन्होंने उस टैक्स कलेक्टर को नीचे उतरने के लिए कहा। फिर जीज़स ने उससे कहा, 'मुझे अपने घर ले चलो।

आज मैं तुम्हारे साथ रहूँगा।' यह सुनकर वहाँ के लोगों में भुनभुनाहट शुरू हो गई क्योंकि वह टैक्स कलेक्टर एक पापी इंसान था किंतु जीज़स के प्रस्ताव से वह इतना ख़ुश हुआ कि उसने तुरंत जीज़स से कहा, 'प्रभो! मैं अपनी संपत्ति का आधा हिस्सा अभी, इसी वक़्त ग़रीबों के लिए दान करता हूँ। यदि किसी से मैंने जाने-अनजाने में ठगकर पैसा लिया है तो मैं उस राशि की चौगुनी राशि उसे वापस करने का वादा करता हूँ।' जीज़स उसके घर गए और उससे कहा, 'तुमने इस घर की मुक्ति हासिल कर ली है। तुम्हारे आज के ऐलान से यह घर एकदम पवित्र हो गया।' इस प्रकार जीज़स के केवल दर्शनमात्र से उस टैक्स कलेक्टर का हृदय परिवर्तन हो गया।

खण्ड 3

जीज़स की शिक्षाएँ, महावाक्य और प्रकाश

8

सन ऑफ़ मैन-गॉड-वर्ल्ड

किसी भी महापुरुष या संत से मिलनेवाली शिक्षा के तीन संदर्भ होते हैं। पहला संदर्भ जो अध्यात्म के रास्ते पर नौसिखिया है, उसके लिए होता है। दूसरा जिसने अध्यात्म में अपनी शुरुआत की है, उसके लिए और तीसरा संदर्भ जो अध्यात्म पर बहुत कार्य कर चुका है, उसके लिए होता है।

जैसे-जैसे आप उच्चतम ज्ञान को समझने लगेंगे, वैसे-वैसे आपका अपने सेल्फ़ (स्वअनुभव, ईश्वर) के साथ तालमेल बढ़ता जाएगा। लेकिन ऐसी उच्चतम बातों को शब्दों में बयान करना आसान नहीं होता। इसी कारण से कहीं पर भी इस बात का ज़िक्र नहीं किया गया कि जीज़स ने किस उच्चतम अवस्था से लोगों को शिक्षाएँ दी। उस समय के लोग जीज़स की अवस्था को समझ नहीं पाए इसीलिए उनकी कुछ शिक्षाएँ लोगों तक पहुँचने से पहले ही लुप्त हो गईं। जीज़स की शिक्षाएँ जिन तीन मुख्य अवस्थाओं में दी गई हैं, वे इस प्रकार हैं -

जीज़स ने 1. सन ऑफ़ मैन, 2. सन ऑफ़ गॉड और 3. सन ऑफ़ वर्ल्ड इन तीन मुख्य अवस्थाओं में लोगों को शिक्षाएँ दीं। अब इन तीनों अवस्थाओं को विस्तार से समझते हैं :

सन ऑफ़ मैन

सन ऑफ़ मैन बनकर जीज़स ने सामनेवाले को यह बताते हुए शिक्षाएँ दी, 'मैं शरीर हूँ।' इस अवस्था में 'सन' शब्द मनोशरीर यंत्र (शरीर) के लिए उपयोग किया गया है।

आज कितने लोग यह समझ रखकर इतिहास पढ़ रहे हैं कि यहाँ 'सन ऑफ़ मैन' बात कर रहा है? लोग केवल जीज़स की जीवनी जानते हैं, उनकी शिक्षाओं को नहीं। जीज़स ने उस समय के लोगों की ज़रूरतों और समझ के अनुसार उन्हें शिक्षाएँ दीं लेकिन आज के लोगों की ज़रूरतें बहुत अलग हैं। इसीलिए इस खण्ड द्वारा जीज़स की शिक्षाओं को आसान तरीक़े से बताने का प्रयास किया जा रहा है।

सन ऑफ़ मैन यानी मैं शरीर हूँ। जैसे किसी ने सवाल पूछा, 'क्या तुमने खाना खाया?' तो आप कहेंगे, 'हाँ, मैंने खाना खा लिया है।' इस बातचीत में सामनेवाला आपको शरीर मान रहा है। यह पहले स्तर पर होनेवाली बातचीत है, जो लोगों को आसानी से समझ में आती है। इसी प्रकार उस काल में जीज़स भी लोगों से स्वयं को शरीर बताकर ही बातचीत करते थे।

जैसे किसी ने जीज़स से सवाल पूछा, 'मुझे महाजीवन प्राप्त करने के लिए क्या करना होगा? आप तो उत्तम गुरु हैं, कृपया मुझे मार्गदर्शन दें।' यह पंक्ति सुनकर जीज़स ने कहा, 'मैं उत्तम नहीं हूँ। ईश्वर के अलावा कोई उत्तम नहीं है। तुम केवल आज्ञाओं का पालन करो, उसी से तुम्हें महाजीवन मिलेगा।'

जबकि एक अन्य मौक़े पर जीज़स से जब किसी ने पूछा, 'हम भी उसी रास्ते पर चलना चाहते हैं, जिस पर आप चलते हैं, आपका रास्ता कौन सा है?' इस पर जीज़स ने जवाब दिया, 'आय एम द वे। आय एम द लाइट यानी मैं स्वयं ही वह रास्ता हूँ।'

इस प्रकार दो अलग-अलग मौक़ों पर जीज़स ने अलग-अलग बातें कहीं और दोनों बातें एक-दूसरे के बिलकुल विपरीत हैं। लेकिन इन्हें पढ़कर दुविधा में न पड़ें बल्कि यह समझें कि ये बातें किस अवस्था में कही गई हैं और जीज़स ये बातें किससे (किस चेतना के इंसान से) कह रहे थे।

'ईश्वर के अलावा कोई उत्तम नहीं है।' यह शिक्षा नौसिखिए के लिए है क्योंकि नौसिखिए के पास अपना आत्मबल नहीं होता, उसकी अपनी ऊर्जा खुली नहीं होती है, उसे प्रभु का राज्य किसे कहा गया है, यह भी

पता नहीं होता। जब ऐसा इंसान गुरु को 'उत्तम गुरु' कहता है, तो यह ध्यान रखना पड़ता है कि कहीं वह इंसान ऐसा कहकर गुरु से अपना कोई काम तो निकलवाना नहीं चाहता।

इसीलिए जीज़स ने उस नौसिखिए की बात का खंडन किया, 'मैं उत्तम नहीं हूँ। तुम्हें स्वर्ग में रहनेवाले मेरे पिता यानी ईश्वर की आज्ञाओं का पालन करना होगा, तभी महाजीवन प्राप्त होगा।' जब उसने पूछा, 'ईश्वर की कौन सी आज्ञाओं का पालन करना होगा?' तब जीज़स ने उसे ईश्वर की मुख्य आज्ञा के बारे में बताया। क्योंकि जो शुरुआत कर रहा है, अगर वह पहली आज्ञा मानने के लिए तैयार हो जाए तो उसे आगे की आज्ञाओं की ज़रूरत नहीं होगी। क्योंकि बाक़ी आज्ञाएँ प्रेम में स्वतः ही पूरी होने लगती हैं।

जीज़स ने उस इंसान से कहा, '**सबसे मुख्य आज्ञा यह है कि ईश्वर को अपने प्राणों से ज़्यादा प्रेम करो। अपनी पूरी बुद्धि, पूरे मन और पूरी शक्ति से ईश्वर को प्रेम करो।**' इस आज्ञा को इंसान समझ पाए, इसके लिए उसका चेतना के एक विशेष स्तर पर होना ज़रूरी है। इसके लिए यह समझ हो, 'तुम्हें (ईश्वर को) जो लगे अच्छा, वही मेरी इच्छा।' इसी से प्रेम में ऊँचाई आ सकती है।

जीज़स द्वारा लोगों को यह पहली आज्ञा दी गई मगर लोग उसे समझ नहीं पाए इसलिए जीज़स द्वारा दूसरी आज्ञा भी दी गई।

सन ऑफ़ गॉड

जीज़स ने कुछ लोगों से कहा, 'मैं ईश्वर का पुत्र हूँ और आपके लिए उनका संदेश लाया हूँ। मैं आपको जो कह रहा हूँ, वह ईश्वर ने मुझे आपको बताने के लिए कहा था इसलिए कह रहा हूँ।' उस समय जीज़स ने ऐसा इसीलिए कहा क्योंकि सुननेवाले लोगों की चेतना उच्च स्तर पर नहीं थी।

यदि आपके सामने ईश्वर के बेटे यानी जीज़स की ऐसी उपस्थिति हो, जिसके माध्यम से आप ईश्वर को देख पाएँ तो इसके लिए आपको केवल खुलना पड़ता है। जैसे अगर आप एक बंद कमरे में हों, जिसमें कोई

खिड़की न हो और आपसे कहा जाए कि बाहर देखो। तो आपकी प्रतिक्रिया यही होगी, 'कैसे देखूँ? बाहर देखने के लिए एक खिड़की चाहिए।' सन ऑफ़ गॉड या ईश्वर का बेटा यही खिड़की है। जिसके माध्यम से आप यह देख सकते हैं कि कमरे के बाहर बना बगीचा (प्रभु का राज्य) कैसा है। उस दौर में जीज़स लोगों के लिए ऐसी ही खिड़की बने हुए थे ताकि लोग उनके द्वारा ईश्वर को देख सकें।

ज़्यादातर लोग खिड़की से बाहर देखने के बजाय अपनी चौखट अर्थात अपने शरीर पर अटक जाते हैं। लेकिन अब आपको शरीर से परे जाकर देखना है। आपके जीवन में ऐसी एक खिड़की होना ज़रूरी है ताकि आप उसके द्वारा आगे देख सकें। इसी खिड़की के द्वारा आप ईश्वर का दर्शन कर सकते हैं। रोज़मर्रा के जीवन में जो लोग आपको मिलते हैं, उन्हें आपके लिए खिड़की का काम करना चाहिए लेकिन ऐसा नहीं हो पाता क्योंकि वे ख़ुद बंद हैं इसलिए आप उनके द्वारा ईश्वर को नहीं देख सकते। यहीं पर गुरु की अहम भूमिका होती है क्योंकि गुरु आपकी खिड़की है। आपको इस गुरु रूपी खिड़की के द्वारा आर-पार देखना है, तभी स्व का दर्शन संभव होगा। जब कोई इतना समर्पित हो जाए कि ईश्वर के सामने ऐसे बैठे और कुछ न करे ताकि आप (ईश्वर अपना शुद्ध दीदार) कर सके तो इसका अर्थ है कि वह ईश्वर का बेटा या आईना बन गया है।

यह ऐसी भक्ति है, जिसमें आप 'कुछ नहीं' हो जाते हैं और दर्शन करनेवाला अपना दर्शन कर रहा होता है। इसे समाधि की अवस्था कहा गया है। जब आप ध्यान में बैठते हैं तो वास्तव में भक्ति कर रहे होते हैं लेकिन आपको उस वक़्त पता नहीं होता कि भक्ति चल रही है। जब आप 'कुछ नहीं' की या समाधि की अवस्था में जाते हैं, तब सेल्फ़ आपके भीतर अपना अनुभव करता है। वहाँ आपको चेकर यानी अपने मन को बीच में नहीं लाना है। क्योंकि चेकर के आते ही आईना धुँधला हो जाता है। जो बिना चेकर (तोलू मन) के बैठ पाता है वही सन ऑफ़ गॉड है।

सन ऑफ़ गॉड यानी सेल्फ़ बनकर सेल्फ़ से ही बात करना। दरअसल जो इंसान उच्च ज्ञान को समझने के लिए पहले से तैयार होता है, वह जीज़स

को पहचान पाता है। लेकिन जो तैयार नहीं होता, उसे पहचानने में कठिनाई का सामना करना पड़ता है।

सन ऑफ़ वर्ल्ड

यहाँ सन का अर्थ है सूर्य या प्रकाश। जीज़स ने कहा था, 'आय एम द वे, आय एम द लाइट।' अगर आप जीज़स की शिक्षाओं को ठीक से पढ़ेंगे तो आपको समझ में आएगा कि इससे विश्व पर कितना गहरा असर पड़नेवाला है। 'सन ऑफ़ वर्ल्ड' यानी निराकार जीज़स, जिसने क्रॉस को भी क्रॉस कर लिया। ऐसे उच्चतम स्तर को समझने के लिए अपनी चेतना को भी उच्चतम स्तर पर लाना ज़रूरी है।

हो सकता है कि जीज़स की अवस्था को लोग आसानी से न समझ पाएँ। लेकिन अगर कुछ उदाहरणों के साथ उस अवस्था को या जीज़स के उच्चतम ज्ञान को लोगों के सामने रखा जाए तो समझदार इंसान उस इशारे पर काम ज़रूर शुरू कर देगा।

जीज़स की शिक्षाओं पर मनन कैसे करें

जीज़स के जीवन को जानकर यह मनन करें, 'मेरे जीवन में क्या चल रहा है और मैं अपने जीवन की घटनाओं में कैसा प्रतिसाद दे रहा हूँ?'

ऐसे मनन पर जीज़स यही कहेंगे, 'कम से कम पहली आज्ञा का पालन करो, अगर वह समझ में नहीं आती तो दूसरी आज्ञा मानो और अगर वह भी समझ से परे है तो कम से कम चेतना गिरानेवाले कार्य मत करो, जैसे : अविचार (बेहोशी में जीना), जुआ खेलना, चोरी करना, शराब पीना, थर्ड पर्सन टॉक करना यानी झूठी गवाही देना। इत्यादि।'

जब आप लोगों के लिए थर्ड पर्सन टॉक करते हैं तो कई बार आपको खुद ही ठीक से पता नहीं होता कि किस विषय पर बात चल रही है लेकिन फिर भी आप बोलते जाते हैं। यह झूठी गवाही से अलग नहीं है। क्योंकि यहाँ आप किसी चीज़ के गवाह हैं, साक्षी हैं और आपको पता भी नहीं है कि सत्य क्या है। ऐसे कार्यों से इंसान की चेतना गिरती है इसलिए हर संत

या मसीहा द्वारा बार-बार अपने कर्म सुधारने के लिए संकेत दिए जाते हैं। इसके पीछे उद्देश्य यह होता है कि इंसान की बुद्धि पर ज़्यादा मैल न चढ़े और उसके हृदय में ईश्वर के प्रति प्रेम व आस्था बढ़े।

ऐसी उच्चतम शिक्षाओं को पढ़ने का लाभ इंसान को तभी मिलता है जब उसके अंदर उच्चतम स्तर पर जाने के लिए पूरी स्पष्टता और भक्ति होती है।

जीज़स ने उस वक़्त के लोगों से कहा, 'प्रभु के राज्य में बच्चों को प्रवेश मिलेगा और जिन्होंने मुझे खाना दिया, वे भी प्रभु के राज्य में जाएँगे।' तब कुछ लोगों को यह बात समझ में नहीं आई इसलिए उन्होंने जीज़स से पूछा, 'हमने आपको खाना कब दिया?' इस पर जीज़स ने सभी को समझाते हुए कहा, 'जब भी आपने किसी भूखे को खाना दिया तो समझें कि वह खाना मुझे ही दिया था।' ये सब कहते समय जीज़स वास्तव में फ़ादर यानी परमपिता परमेश्वर की ओर से बात कर रहे थे। लेकिन उन्होंने सीधे पिता के रूप में बात नहीं की क्योंकि वे जानते थे कि इससे लोग उलझ जाएँगे।

आगे जीज़स ने यह भी कहा, 'जो क्राइस्ट पर यक़ीन करेगा, वह प्रभु के राज्य में जाएगा,' इसका अर्थ है, 'जो अपने होने के अनुभव पर है वह प्रभु के राज्य में जाएगा।' जीज़स वास्तव में अनुभव है। जो 'मैं शरीर नहीं हूँ' के अनुभव पर यक़ीन करेगा वह मुक्त होगा। जो लोग अनुभव पर यक़ीन नहीं करेंगे, उनके लिए जीज़स ने कहा, 'दे विल पॅरिश' यानी वे दुःख भुगतेंगे। जो लोग शरीर बनकर जी रहे हैं, वे मृत्यु तक यह सोच-सोचकर दुःख भुगत रहे हैं, 'मैं मर रहा हूँ, मेरे बाद मेरे घरवालों का क्या होगा?' इसलिए कहा जाता है कि शरीर पर न अटकते हुए, अपने स्वअनुभव को पहचानें, उसका स्वाद लें। अगर यह एक बात आपको समझ में आ गई तो फिर सारी शिक्षाएँ समझ में आ जाएँगी कि क्राइस्ट किसे कहा गया, क्रॉस पर कौन गया और क्रॉस से कौन क्रॉस (पार) हो गया?

इस प्रकार तीन अलग-अलग श्रेणियों में जीज़स की शिक्षाएँ आपके सामने रखी गई, पहली 'सन ऑफ़ मैन', दूसरी 'सन ऑफ़ गॉड' और तीसरी 'सन ऑफ़ वर्ल्ड।' जीज़स ने अलग-अलग तरीक़े से बातें कीं ताकि

जो समझ सकते हैं, उन्हें इशारा मिल जाए और जिनके कान तेज (सत्य के प्यासे) हैं, वे सुन सकें।

जीज़स की सभी शिक्षाओं को इस नज़रिए से देखा जाएगा तो जीज़स को माननेवाले सभी अनुयायी मुक्त हो जाएँगे और जो विश्वास नहीं करेंगे वे वैसे ही रहेंगे, उनमें कोई परिवर्तन नहीं आएगा। यदि आप भी मुक्ति का आनंद पाना चाहते हैं तो इस खण्ड में दी गई जीज़स की सारी शिक्षाओं को अपने जीवन में उतारें।

9

मृत्यु पर समझ

जीज़स ने उस समय के लोगों को उनकी समझ के अनुसार ज्ञान दिया। लोगों को भी जीज़स के ज्ञान देने का तरीक़ा पसंद आने लगा था। इस कारण कई लोग उनके अनुयायी बन गए और उनकी आज्ञाओं का समझ के साथ पालन करने लगे।

एक बार जीज़स कहीं प्रवचन ले रहे थे, तभी उनमें से एक अनुयायी के मित्र ने आकर उसे ख़बर दी, 'तुम्हारे फलाँ रिश्तेदार की आकस्मिक मृत्यु हो गई है।' यह ख़बर सुनकर उस अनुयायी ने जीज़स से कहा, 'मैं अपने मृत रिश्तेदार को दफ़नाने गाँव जा रहा हूँ। वहाँ से वापस आकर आपके साथ चलूँगा।' तब जीज़स ने उससे कहा, 'गाँव में ऐसे बहुत सारे मुर्दे हैं, जो उस मुर्दे का अंतिम कर्मकाण्ड कर देंगे।'

आम तौर पर इस प्रकार की बात सुनकर एक साधारण इंसान सोचेगा, 'यह कोई अच्छी बात नहीं है। अगर किसी का कोई रिश्तेदार गुज़र गया है तो उससे यह कहना ठीक नहीं है कि कर्मकाण्ड में मत जाओ।' असल में कहानी के माध्यम से बताई गई बात संक्षिप्त रूप में ही सामने आ पाती है। चूंकि हर कहानी का एक अंत होता है, वैसे ही इस कहानी का भी एक अंत है। इसलिए इस कहानी से यह पता नहीं चलता कि जीज़स ने उसे उसके गाँव जाने की अनुमति दी या नहीं या फिर वह जीज़स की बात का अर्थ समझ गया और उसने स्वयं गाँव जाने की योजना रद्द कर दी।

वास्तव में जीज़स उसे यह बताना चाहते थे, चूंकि अब तुम स्वयं ज़िंदा होने लगे हो इसलिए कर्मकाण्ड जैसी चीज़ों की चिंता मत करो।

उनकी बात का सार यह था, 'लोगों ने जीना सीखा ही नहीं है। गाँव में लोग ज़िंदा लाश की तरह (बेहोश जीवन) जी रहे हैं, वे रिश्तेदार का अंतिम संस्कार कर देंगे।'

अब सवाल यह उठता है कि जीज़स ने सचमुच उसे गाँव जाने की अनुमति दी या नहीं? तो इसका जवाब यह है, 'हाँ, जीज़स ने उसे जाने दिया लेकिन जाने से पहले उसे मृत्यु के विषय पर समझ भी प्रदान की।' जब वह इंसान अपने रिश्तेदार को दफ़ना रहा होगा, तब उसे जीज़स के शब्द याद ज़रूर आए होंगे।

इसका लाभ यह हुआ कि उसका मन कर्मकाण्ड में भावुक होकर दुःखी नहीं हुआ क्योंकि वह उसे प्रभु के राज्य में बैठकर देख रहा था। वह देख पा रहा था कि जिस शरीर को दफ़नाया जा रहा है, वह स्वयं हिल-डुल तक नहीं सकता। ज़रा अंदाज़ा लगाएँ कि अगर वह इंसान जीज़स से नहीं मिला होता तो वह दफ़नाने के कर्मकाण्ड को कैसे विलाप कर, कर रहा होता।

माता-पिता और भाई-बहन से लेकर नाते-रिश्तेदारों और मित्रों तक, हर इंसान अपने जीवन में कई लोगों की मौतें देखता है। वह इन सबके अंतिम कर्मकाण्डों में शामिल होकर दुःखी होता है। लेकिन अगर उसे जीज़स द्वारा दी गई मृत्यु की समझ याद आए तो इन मौतों को देखने का उसका नज़रिया बदल जाएगा।

इस घटना के बाद जीज़स ने अपने शिष्यों में से बारह शिष्यों का चयन करके उन्हें अपना विश्वसनीय पात्र बना लिया। ये बारह शिष्य उस समय के यूनानी, यहूदी, रोमन, फ़ारसी आदि बारह समुदायों का प्रतिनिधित्व करते थे। प्रत्येक समुदाय से जीज़स को एक-एक विश्वासी अनुयायी मिल गए थे, जिन्हें धर्म प्रचार के लिए दो-दो सदस्यों के दल बनाकर विभिन्न दिशाओं में भेजा था। वे लोग अलग-अलग जगह जाकर लोगों को अपने पापों का प्रायश्चित्त करने का तरीक़ा समझाने लगे, जन साधारण में बुरी ताक़तों से त्रस्त लोगों को मुक्ति दिलाने लगे तथा बीमार और रोगी लोगों को निरोग करने लगे।

अब जीज़स की कीर्ति चारों ओर फैल रही थी। एक दिन वे अपने बारह शिष्यों के साथ ओलिव्ह पर्वत से उतरकर जेरुशलम पहुँचे। उस समय उन्होंने अपने शिष्यों को अपनी मृत्यु का पहला संकेत दिया और कहा, 'जेरुशलम में ईश्वर के पुत्र को वहाँ के प्रमुख शासकों और यहूदी धर्म शास्त्रियों के हाथों सौंप दिया जाएगा। वे उसे मृत्युदंड के योग्य ठहराएँगे। फिर उसका उपहास करेंगे और उसे कोड़े लगवाएँगे। अंत में वे ईश्वर के पुत्र को सूली पर चढ़ा देंगे। किंतु तीसरे दिन ही ईश्वर का पुत्र फिर से जी उठेगा।' जीज़स की भविष्यवाणी सुनकर उनका एक शिष्य पीटर भाव में आकर बोलने लगा, 'हे प्रभु, ईश्वर न करे, आपके साथ कभी ऐसा हो।' तब जीज़स ने उसे समझाते हुए, ईश्वर पर भरोसा रखने के लिए कहा। जीज़स ऐसा इसलिए कह पाए क्योंकि वे जानते थे कि वे हमेशा प्रभु के राज्य में ही रहेंगे।

10

क्रांतिकारी जीज़स

जीज़स अपने बारह शिष्यों के साथ जेरुशलम के मेले में गए तब वहाँ पर उन्होंने ज़ोरदार क्रांति कर दी। उस वक़्त मंदिरों में रबियों ने अपनी चौकियाँ, टेबल लगा रखे थे। टेबल के नीचे से पैसे लिए जा रहे थे, कबूतर बेचे जा रहे थे। जीज़स ने वे सभी चौकियाँ उलट दीं, टेबलें उठाकर फेंक दीं और कहा,'यहाँ पर यह क्या चल रहा है? तुमने मंदिर को डाकुओं की गुफा बनाकर रख दिया है जबकि मंदिर हर जाति के लोगों के लिए होना चाहिए, हर जाति के लोगों को यहाँ प्रवेश मिलना चाहिए और तुमने इसे डाकुओं का अड्डा बनाकर रखा है।' उन्होंने इतने सीधे और साफ़ सत्य के शब्द कहे इसलिए वे हैं,'क्रांतिकारी जीज़स।'

उस समय रबियों के आर्थिक लाभ और आर्थिक हितों पर प्रहार हुए। रबी ये जानते हुए कि जीज़स सही हैं, उन्हें चोट पहुँचाते थे। वे लालच नहीं छोड़ पा रहे थे। जो पैसे उन्हें आसानी से मिल रहे हैं वे छूट जाएँगे, यह सोचकर रबियों ने शासकों से जीज़स की शिकायत की।

यहूदी भी जीज़स के इस बरताव से बहुत नाराज़ हुए। उन्होंने जीज़स को चुनौती दी कि किस अधिकार से उन्होंने ऐसा कहा। यदि जीज़स के पास ऐसे अधिकार हैं तो उसे सिद्ध करने के लिए उन्हें चमत्कार दिखाने होंगे।

जीज़स ने कहा,'ठीक है, वैसी परिस्थिति में मैं कहूँगा कि तुम लोग इस मंदिर को ढहा दो और मैं सिर्फ़ तीन दिनों में इसे पहले जैसा बना दूँगा।' यहूदियों ने व्यंग्य करते हुए कहा,'जीज़स! शायद तुम्हें मालूम नहीं है कि

इस मंदिर के बनने में 46 वर्ष लगे हैं। तुम तीन दिनों में कैसे बनाओगे?' किंतु यह यहूदियों की समझ से परे था कि जीज़स असल में क्या कह रहे थे। उनके अनेक शिष्यों को भी इस बात के पीछे का असली अर्थ समझ में नहीं आया। दरअसल, जीज़स उस समय कह रहे थे कि मंदिर यानी उनके शरीर को गिरा दिया जाए, जो तीन दिनों में उठ खड़ा होगा। आगे जब जीज़स को सलीब पर चढ़ाया गया और चढ़ाने के तीसरे दिन जब जीज़स जीवित हुए तब उनके शिष्यों को समझ में आया कि मंदिर की बात से जीज़स क्या समझाने जा रहे थे।

इस घटना के बाद यहूदियों के विरोध का उन्हें सामना करना पड़ा मगर इसके बावजूद भी जीज़स अपने जन–जागरण अभियान के दौरान कहानियों और अपने कारनामों से लोगों में चेतना जगाने का भरपूर प्रयास करते रहे।

जीज़स ने ग़रीब जनता को समझाने के लिए अति साधारण कहानियों द्वारा उच्च शिक्षाएँ दीं। ये कहानियाँ किसी खेत में काम करनेवाले किसान की थी या मछली पकड़नेवाले मछुआरे की थी, किसी महिला, किसी मालिक या किसी नौकर की थी। ये कहानियाँ आज भी लोगों की चेतना बढ़ा सकती हैं। अगले अध्याय में कुछ ऐसी ही कहानियाँ दी जा रही हैं, जिन्हें पढ़कर निश्चित ही आपकी चेतना बढ़ेगी।

11

घटनाओं द्वारा दी गई उच्च शिक्षाएँ

1. चरित्रहीन महिला की पाप मुक्ति

एक बार पारसी साइमन के निमंत्रण पर जीज़स रात्रि भोजन के लिए उसके घर गए। वहाँ की एक महिला को, जो पापमय जीवन व्यतीत कर रही थी, जीज़स के आने की ख़बर मिल गई। जीज़स जैसे ही पारसी मेज़बान के घर पहुँचे, वह महिला एक बरतन में इत्र लेकर जीज़स के पीछे खड़ी हो गई और जैसे ही जीज़स ने आसन ग्रहण किया तो उनके पाँव पर सिर रखकर विलाप करने लगी। उसकी आँखों से बहते आँसू से उसके गाल और जीज़स के पाँव भीग गए। रोने के बाद शांत होकर उस महिला ने अपने केश से जीज़स के पाँव साफ़ किए और पाँव चूमकर उस पर इत्र लगा दिया।

पारसी इंसान, जिसने जीज़स को निमंत्रित किया था मन ही मन कहने लगा, 'ये सज्जन पैगंबर हैं। उन्हें जानना चाहिए कि जो महिला उनका चरण स्पर्श कर रही है वह एक पापिष्टा है।'

जीज़स को अचानक लगा कि उनके मेज़बान को कुछ सता रहा है। उन्होंने उससे कहा, 'साइमन! मुझे तुमसे कुछ कहना है।' साइमन ने कहा, 'गुरुदेव! कहिए क्या बात है?' जीज़स ने कहा, 'मैं एक कहानी सुनाता हूँ। तुम सब समझ जाओगे। एक व्यक्ति ने दो ज़रूरतमंद लोगों को ऋण दिया। पहले व्यक्ति ने पाँच सौ मुद्राएँ लीं और दूसरे ने सिर्फ़ पचास, जो उन्हें वापस करनी थी। कुछ समय बाद वे लोग ऋण वापस करने में असमर्थ हो गए। ऋणदाता ने उनकी परिस्थिति समझकर उन दोनों का ऋण

माफ़ कर दिया। अब साइमन! तुम यह बताओ कि उन दोनों में से कौन ऋणदाता का ज़्यादा आभारी होगा?'

साइमन ने उत्तर दिया, 'जिसने पाँच सौ मुद्राएँ ली थी, वह ज़्यादा आभारी होगा।' जीज़स ने कहा, 'बिलकुल सही कहा साइमन! अब देखो यह महिला पापमय जीवन बिता रही थी किंतु उसे पश्चाताप हो रहा था। वह यहाँ अपने गुनाह माफ़ कराने के लिए आई और अपने आँसुओं से मेरा पाँव पखार दिया। तुमने तो पाँव धोने के लिए मुझे पानी भी नहीं दिया। उसने अपने बालों से मेरा पाँव साफ़ करके उसे बार–बार चूमा परंतु तुमने तो मुझे चूमकर अपना आदर प्रदर्शन भी नहीं किया। तुमने तो मेरे सिर पर तनिक तेल भी नहीं रखा, जबकि उसने मेरे पाँव को इत्र से सराबोर कर दिया। अतः एवं साइमन उसने अपने लिए क्षमा अर्जित कर ली है।'

जीज़स उस महिला की तरफ़ मुड़कर बोले, 'तुम्हारे पापों का प्रायश्चित्त हो गया। तुम्हें उनसे क्षमा मिल गई। तुम्हारे विश्वास ने तुम्हें बचा लिया, अब तुम शांतिपूर्वक जा सकती हो।'

जीज़स का सूत्र, 'जो प्रभु पर विश्वास करेगा उसे शांति प्राप्त होगी।'

2. चतुर और मूर्ख भवन निर्माता

अब तक जीज़स के अनेक अनुयायी हो चुके थे, जो उन्हें प्रभु (लॉर्ड) कहकर पुकारा करते थे। एक धर्मोपदेश के दौरान जीज़स ने कहा, 'तुम लोग मुझे प्रभु (लॉर्ड) कहकर पुकारते हो किंतु मैं जो सिखलाता हूँ, उसका तुम अभ्यास नहीं करते (You do not practice, what I teach)। मैं तुम लोगों से कहना चाहता हूँ कि जो मेरी शिक्षा के अनुसार अभ्यास करता है वह उस चतुर व्यक्ति जैसा है, जिसने गहरी नींव खोदकर पहाड़ पर घर बनाया है। नतीजा यह होता है कि मूसलाधार वर्षा के बावजूद भी वह घर क्षतिग्रस्त नहीं होता है क्योंकि उसकी नींव गहरी और मज़बूत है। किंतु यदि कोई मेरे उपदेश सुनकर उसके अनुसार नहीं चलता तो वह उस बेवकूफ़ भवन निर्माता के समान है, जिसने मुलायम धरती पर बिना गहरी नींव खोदे भवन निर्माण किया है। नतीजा क्या होगा आप सब लोगों को मालूम है। भारी वर्षा और

थोड़ी ज़ोर की हवा के कारण वह भवन धराशायी हो जाएगा क्योंकि वर्षा और जोरदार हवा की सहनशक्ति उस भवन में नहीं है।'

इस प्रकार छोटी-छोटी कहानियों द्वारा जीज़स ने अपनी शिक्षा से भरे उपदेश और धर्मदर्शन को समझाने का सफल प्रयास किया।

3. लोग परिश्रमी बनें, निष्ठावान बनें

धर्मोपदेश के दौरान जीज़स ने निष्ठा से संबंधित एक मनुष्य और उसके तीन नौकरों की कहानी का इस प्रकार वर्णन किया। एक धनी व्यक्ति ने भ्रमण के लिए बाहर जाते समय अपने तीनों नौकरों को अपनी सारी जायदाद की देखभाल सौंप दी ताकि उसकी अनुपस्थिति में सब कुछ ठीक-ठाक चलता रहे। जाते समय उसने पहले नौकर को पाँच हज़ार मुद्राएँ, दूसरे नौकर को दो हज़ार मुद्राएँ तथा तीसरे नौकर को एक हज़ार मुद्राएँ दीं।

पहले नौकर ने उन मुद्राओं का सदुपयोग करके उसे दुगुना कर दिया। दूसरे नौकर ने भी दो हज़ार मुद्राओं को काम में लगाया और उसे चार हज़ार बना दिया किंतु तीसरे नौकर ने एक हज़ार मुद्राओं को ज़मीन में गड्ढा खोदकर गाड़ दिया।

कुछ दिनों बाद धनी इंसान वापस आया और नौकरों से उन मुद्राओं का हिसाब माँगने लगा। पहले नौकर ने स्वाभिमानपूर्वक धनी से कहा कि उसने पाँच हज़ार मुद्राएँ काम में लगाकर उसके दस हज़ार रुपए बना दिए हैं। दूसरे नौकर ने भी दुगुनी मुद्रा का हिसाब दिया इसलिए मालिक उनसे ख़ुश होकर बोला,'मैं तुम लोगों से ख़ुश हूँ। तुम लोग विश्वासपात्र हो और तुम्हें किसी प्रकार की ज़िम्मेदारी देने में मुझे हिचकिचाहट नहीं होगी।' जब तीसरे नौकर से हिसाब माँगा गया तो उसने कहा,'मालिक! मुझे आपके सामर्थ्य पर विश्वास है और आप जहाँ बीज बोएँगे वहाँ से आप फसल प्राप्त करने में तो सक्षम हैं ही, जहाँ बीज नहीं डाले हैं वहाँ से भी आप फसल प्राप्त कर लेते हैं। अतः मैंने आपकी हज़ार मुद्राएँ सुरक्षित जगह पर रखी और ये वही मुद्राएँ हैं, जिन्हें आपने जाते समय मुझे दिया था।' उसका जवाब सुनकर धनी अत्यंत क्रोधित हुआ और कहा,'तू आलसी नौकर! तुमने यह

सब सोच लिया कि मैं क्या-क्या कर सकता हूँ। लेकिन तुम्हारे पास यह सोचने के लिए समय नहीं था कि तुम इन मुद्राओं का क्या कर सकते हो।'

मालिक ने उससे हज़ार मुद्राएँ वापस ले लीं और कहा, 'जो लोग काम करने के लिए इच्छुक हैं, उन्हें और दिया जाएगा और जो लोग काम करने के लिए इच्छुक नहीं हैं, उनके पास जो भी है, उसे वापस ले लिया जाएगा।' इस प्रकार उस नौकर से हज़ार मुद्राएँ वापस लेकर पहले नौकर को दे दी गईं, जिसने पाँच हज़ार से दस हज़ार मुद्राएँ बना ली थीं।

इसी कहानी के आधार पर जीज़स का विख्यात दर्शन सूत्र है, 'जिसके पास है उसे और दिया जाएगा और जिसके पास नहीं है उससे छीन लिया जाएगा।' *(पृष्ठ संख्या 88 पर इस सूत्र को, सातवें महावाक्य के रूप में विस्तार से पढ़ें।)*

4. व्यभिचार-दुराचार का दण्ड

इस प्रकार जीज़स घूम-घूमकर लोगों को शिक्षित करके ईश्वर के प्रति विश्वास और प्रेम बढ़ाने लगे किंतु उनकी बढ़ती लोकप्रियता के कारण कुछ लोग उनके विरोध में दबी ज़ुबान से बोलने लगे थे। किंतु प्रकट रूप में उन्हें पैगंबर ही समझते थे। ऐसी ही एक घटना का ज़िक्र आगे दिया गया है।

एक बार जीज़स सूर्योदय से पहले ही ओलिव्ह पर्वत से नीचे आए। मंदिर के प्रांगण में अनेक लोग उनका प्रवचन सुनने के लिए इकट्ठा हुए थे। ज्यों ही वे प्रवचन प्रारंभ करनेवाले थे, कुछ कानून के पंडित और पारसी उनके सामने एक महिला को लेकर आए और जीज़स से कहा, 'गुरुदेव! इस महिला के ऊपर व्यभिचार का आरोप है। यह समाज के पुरुषों को बरबाद कर रही है और ऐसा करते हुए रंगे हाथों पकड़ी गई है। संत मोसेज के नियमों के अनुसार इसे पत्थर से मार-मारकर मौत के घाट उतार देना उचित है। गुरुदेव! इस पर आपकी क्या राय है?'

वास्तव में वे लोग जीज़स को ऐसी परिस्थिति का निर्माण करके फँसाना चाहते थे। यदि जीज़स ने उसे माफ़ी दे दी तो उनके ऊपर इल्ज़ाम लगेगा कि वे उचित न्याय नहीं करते क्योंकि व्यभिचार समाज में किसी

क़ीमत पर मान्य नहीं था और यदि जीज़स ने उसकी सज़ा बरकरार रखी तो उन पर दोष लगेगा कि उन्होंने महिला के प्रति निर्दयता से पेश आकर पत्थर से मारने की सज़ा का अनुमोदन किया है।

जीज़स ने अपना निर्णय दिए बगैर ज़मीन पर कुछ लिखना शुरू कर दिया। अब तो पारसी और कानूनी पंडितों को विश्वास हो चला था कि वे जीज़स को फँसा चुके हैं, अतः वे चिल्लाकर बोले, 'जीज़स! आप चुप क्यों हैं? हम लोग आपके निर्णय की प्रतीक्षा कर रहे हैं।'

जीज़स ने सीधे खड़े होकर कहा, 'हाँ, मैं भी मोसेज के नियम से सहमत हूँ। इस महिला को पत्थर से मार–मारकर मौत दे दी जाए किंतु एक शर्त है। इसे पहला पत्थर मारनेवाला वह मनुष्य होगा, जिसने अपने जीवन में कोई पाप नहीं किया हो।' इतना कहकर उन्होंने झुककर ज़मीन पर पुनः कुछ लिखना प्रारंभ कर दिया।

जीज़स का निर्णय सुनकर भीड़ छँटनी शुरू हो गई। पहले बुजुर्ग लोग चले गए और अंत में वहाँ जीज़स और उस महिला के अतिरिक्त कोई नहीं बचा। जीज़स एक बार फिर से सीधे बैठकर उस महिला की तरफ़ प्रश्न सूचक दृष्टि से देखने लगे। अंत में उन्होंने उससे पूछा, 'क्या किसी ने तुम्हारे ऊपर पत्थर फेंका?' महिला ने उत्तर दिया, 'नहीं प्रभु! किसी ने भी पत्थर नहीं फेंका।' जीज़स ने कहा, 'मैं भी तुम्हें दोषी मानकर तुम्हारी आलोचना नहीं करता। जाओ और पापमय जीवन त्यागकर शांतिपूर्वक जीवन निर्वाह करो।'

जीज़स का सूत्र, 'निर्दोष हुए बिना, दूसरों में दोष न देखें।'

5. ऊँट का सुई के छेद से निकलना आसान है, पर..

एक बार धर्मोपदेश के उद्देश्य से जब जीज़स विभिन्न स्थानों का भ्रमण कर रहे थे उस दौरान एक आदमी दौड़ता हुआ आया और जीज़स के पाँवों पर गिरकर कहने लगा, 'गुरुदेव! यदि मैं अनंत जीवन की इच्छा रखूँ तो आप मुझे वैसी इच्छा पूर्ण करने के लिए क्या सुझाव देंगे?'

जीज़स ने कहा, 'आप यदि अनंत जीवन की इच्छा रखते हैं तो आपको ईश्वर द्वारा प्रदान हुए दस कमाण्डमेंट्स, जिन्हें संत मोसेज ने सभी से हमेशा पालन करने के लिए कहा था, उनका हमेशा पालन करना चाहिए। जैसे – किसी की हत्या न करें, कभी भी दुराचार/व्यभिचार न करें, चोरी न करें, झूठी गवाही न दें, किसी को धोखा न दें, अपने माता-पिता का सम्मान करें आदि दस कमाण्डमेंट्स का पालन करते रहें।'

उस व्यक्ति ने उत्तर दिया, 'मैंने जब से होश सँभाला है, इन सबका पालन कर रहा हूँ।' इस पर जीज़स ने प्रेम से उसकी तरफ़ देखकर कहा, 'किंतु तुम्हारे अंदर एक चीज़ की कमी है। मैं तुम्हें यदि परामर्श दूँ कि तुम अभी जाकर अपनी सारी जायदाद बेचकर, सारी रक़म ग़रीबों को दे दो और यह आश्वासन भी दूँ कि तुम्हारी सारी दौलत तुम्हारे लिए स्वर्ग में सुरक्षित रहेगी, जो अंत में केवल तुम्हें ही मिलेगी तो तुम क्या करोगे?' वह नौजवान अपने आपको इसके लिए तैयार नहीं कर सका कि जो कुछ उसके पास है, उसे किसी और को दे दिया जाए। इस विचार से ही उसका चेहरा उतर गया।

जीज़स ने अपने अनुयायियों की तरफ़ देखकर कहा, 'अब तुम लोग देखो कि एक धनी व्यक्ति का ईश्वर के राज्य में प्रवेश करना कितना कठिन है।' थोड़ी देर रुककर जीज़स ने फिर से कहना शुरू किया, 'मेरे बच्चों! क्या तुम जानते हो कि एक सुई के छेद से ऊँट का आरपार हो जाना आसान है किंतु किसी भी धनी व्यक्ति का ईश्वर के राज्य में प्रवेश करना अत्यंत कठिन है।'

जीज़स के शिष्यों ने आश्चर्य से यह सब सुना। उनके एक शिष्य पीटर ने जीज़स से कहा, 'प्रभु! हम सबने वही किया है, जो आपने अभी-अभी कहा है।' इस पर जीज़स ने कहा, 'मेरे बच्चों! मुझे सत्य कहने दो कि जिस किसी ने भी मेरे लिए त्याग किया है और अपने भाई-बहन, माता-पिता को छोड़कर अपने बच्चों और खेत-खलिहान छोड़कर मेरा साथ दिया है, उन्हें निश्चित रूप से इसी जीवन में उसका सौ गुना प्राप्त होगा और आनेवाले अनंत जीवन में उसे मिलता रहेगा।'

इस प्रकार जीज़स ने अपने शिष्यों को परामर्श दिया कि यदि वे ईश्वर के राज्य में प्रवेश पाकर अनंत जीवन प्राप्त करना चाहते हैं तो उन्हें सांसारिक सुख की वस्तुओं से विमुख (अनासक्त) रहना होगा।

जीज़स का सूत्र, 'सब कुछ समर्पित करके जन सेवा और ईश्वर सेवा में लग जाने पर अनंत जीवन प्राप्त करके ईश्वर के राज्य में प्रवेश मिलेगा। एक ऊँट का सुई के छेद से निकलना आसान है परंतु सांसारिक सुखों में लिप्त धनी लोगों का ईश्वर के राज्य में प्रवेश कठिन है।'

6. सच्चा पड़ोसी कौन?

एक बार एक कानूनी विशेषज्ञ ने जीज़स से प्रश्न किया, 'गुरुदेव! अनंत जीवन पाने के लिए मुझे क्या करना चाहिए?' जीज़स ने उसका प्रश्न ध्यान से सुनकर उससे प्रश्न पूछा, 'कानून की किताब में इसका क्या उत्तर दिया गया है?' उस विशेषज्ञ ने कुछ देर सोचकर उत्तर दिया, 'गुरुदेव, नियम तो यही कहता है कि जो कोई अपने हृदय, मस्तिष्क, अंतरात्मा और संपूर्ण शक्ति से ईश्वर से प्रेम करता है तथा अपने पड़ोसी से भी उतना ही प्रेम करता है, जितना अपने आपसे करता है तो निश्चित रूप से उसे अनंत जीवन प्राप्त होता है।'

जीज़स ने उत्तर दिया, 'बिलकुल ठीक है। अब आप निश्चित रूप से जानते हैं कि आपको क्या करना है। सच्ची भावना से इस नियम का पालन करके अनंत जीवन प्राप्त करें।'

उस कानूनी विशेषज्ञ ने जब पूछा कि हमारा पड़ोसी कौन है तो जीज़स ने एक नीति कथा इस प्रकार सुनाई।

एक व्यक्ति यात्रा के दौरान डाकुओं के चँगुल में फँस गया। डाकुओं ने उसे क्रूरता से मारा-पीटा, उसके कपड़े फाड़ दिए और उसका सब कुछ छीनकर उसे अधमरा छोड़कर भाग गए। थोड़ी देर बाद उस रास्ते से एक पादरी ने गुज़रते हुए उस घायल व्यक्ति को देखा किंतु उसे उसी अवस्था में छोड़कर आगे बढ़ गए। उसके बाद एक अन्य व्यक्ति उस रास्ते से गुज़रा और उसने भी उसकी कोई मदद नहीं की, उस घायल व्यक्ति को उसके

हाल पर छोड़कर आगे बढ़ गया। थोड़ी देर बाद एक भला मनुष्य उधर से निकला। घायल व्यक्ति को देखकर वह अपनी सवारी से नीचे उतरा और उस अधमरे व्यक्ति की मदद की। वह अत्यंत दयालु था और उसे लगा कि इस व्यक्ति की अगर मदद नहीं की तो वह मर जाएगा।

उसने उसकी मरहम-पट्टी की और उसे अपनी सवारी में बिठाकर एक सराय में ले जाकर रातभर सेवा की। सवेरे सराय की देखरेख करनेवाले व्यक्ति को उसने चाँदी के दो सिक्के देकर उस आदमी की सेवा करने की हिदायत दी और उसे आश्वासन दिया,'यदि कुछ ज़्यादा ख़र्च करना पड़े तो ख़र्च करके उसकी सेवा में किसी प्रकार की कमी किए बगैर उसकी पूरी सेवा की जाए। वापस आते समय मैं तुम्हारे द्वारा किया गया ख़र्च चुका दूँगा।'

ऐसी कहानी सुनाने के बाद जीज़स ने उस विधि विशेषज्ञ से प्रश्न किया,'इस कहानी में उस घायल व्यक्ति का वास्तविक पड़ोसी कौन था पादरी, दूसरा व्यक्ति या अंतिम भला मनुष्य?' विधि विशेषज्ञ ने जवाब दिया,'अंतिम भला मनुष्य।' यह उत्तर पाकर जीज़स ने निर्देश देते हुए उससे कहा, 'अभी आपको उत्तर मिल चुका है अतः इस उदाहरण पर चलते हुए तीसरे भले मनुष्य जैसा व्यवहार करें।'

इन सभी सिखावनियों के पीछे उद्‌देश्य यह है कि लोग अपनी ज़िम्मेदारी समझें। पाप का प्रायश्चित्त करें, नए बनें, पुराने से मुक्ति पाएँ। नए बनकर जीने से कान (ज्ञान के द्वार) खुलेंगे और उन्हें प्रभु के राज्य में प्रवेश मिलेगा। अंदर का जो प्रकाश है, वह प्रकाशमान होगा। इस प्रकार जीज़स निरंतर लोगों को समझाते रहे कि प्रभु के राज्य में प्रवेश कैसे पाना है। अपने इस जन जागरण के दौरान जीज़स ने तीन बार अपने मृत्यु की भविष्यवाणी भी की। उन्हें पता था कि जल्द ही उन्हें (उनके शरीर को) पकड़ा जाएगा इसलिए वे अपने बारह शिष्यों को आगे की अभिव्यक्ति के लिए तैयार करने में जुट गए।

12

जिनके पास कान हैं, वे सुनें

हर दौर में यह देखा गया है कि कई संतों और महात्माओं ने उच्चतम ज्ञान का प्रचार अपने-अपने समय की लोकभाषा में ही किया है। जीज़स के समय में लोग ज़्यादातर खेती और मछली पकड़ने का काम किया करते इसलिए वैसे ही उदाहरण देकर उन्होंने लोगों को सत्य की ओर बढ़ने का रास्ता दिखाया।

उदाहरण के लिए यहाँ एक कहानी दी जा रही है : एक किसान बीज लेकर जा रहा था, जिनमें से कुछ बीज रास्ते में गिर गए, कुछ बीज पथरीली ज़मीन पर और कुछ बीज ऐसी जगह पर गिरे, जहाँ ज़मीन तो अच्छी थी पर वहाँ काँटों के पौधे थे। इसके बाद जो बाक़ी बचे हुए बीज थे, वे सही ज़मीन में बो दिए गए।

जो बीज रास्ते पर गिरे, उन्हें पक्षी खा गए। पथरीली ज़मीन में गिरे हुए बीज ज़्यादा नीचे तक जा नहीं पाए, जल्दी बाहर आने पर धूप की वजह से वे जल्दी जल भी गए। केवल वे ही पौधे जल्दी जल जाते हैं, जिनकी जड़ें ज़मीन के तह तक न गई हों। ऐसे में यदि उन्हें पानी भी न मिले तो वे मुरझा जाते हैं।

तीसरे बीज काँटों के साथ ऊपर आए थे, वे काँटों की वजह से बढ़ नहीं पाए और चौथे बीज सही ज़मीन पर गिरे, इस कारण वे हज़ार गुना ज़्यादा बीज पैदा कर पाए।

कहानी का प्रतीकात्मक रूप से अर्थ –

अनेक प्रकार की ज़मीन — सत्य सुनने के लिए आए हुए लोगों का प्रतीक

बीज जो ज़मीन पर गिरे — ज्ञान, समझ व सत्य का प्रतीक

आइए, अब इसे क्रम अनुसार विस्तार से समझें।

1. पहली श्रेणी के लोग रास्ते पर गिरे हुए बीज समान होते हैं। जिन्हें सत्य बताने पर भी उसका फ़ायदा नहीं होता। प्रवचन ख़त्म होते ही वह ज्ञान कौए (माया के) खा जाते हैं। अर्थात प्रवचन सुनकर वे गरदन हिलाकर चले जाते हैं। ऐसे में ज्ञान मिलना, न मिलना एक जैसा ही है।

2. दूसरी श्रेणी के लोग पथरीली ज़मीन पर गिरे बीज समान होते हैं, जिनके अंदर बहुत सारी मान्यताओं, ग़लत आदतों और विकारों के पत्थर होते हैं। वे प्रवचन में आते हैं, ज्ञान की बातें सुनकर उन्हें कुछ अच्छा महसूस भी होता है लेकिन पुरानी मान्यताओं की वजह से बीच में ही अटक जाते हैं, आगे बढ़ नहीं पाते।

3. तीसरी श्रेणी के लोग उन बीजों समान हैं, जिनके आस-पास काँटों के पेड़ हैं यानी उन लोगों के आस-पास रहनेवाले लोग नकारात्मक सोच के होते हैं, जो बार-बार उनके मन में शंका निर्माण करते हैं, वे सत्य की राह पर चलनेवालों का विकास नहीं होने देते।

4. चौथी श्रेणी के वे लोग हैं, जिन्हें सही ज़मीन और आस-पास सही वातावरण भी मिला। जिस वजह से उनकी चेतना में बढ़ोतरी हुई, विकास हुआ और वे वृक्ष बन पाए यानी वहाँ आत्मसाक्षात्कार प्राप्त हुआ।

इस प्रकार इंसान के रोज़मर्रा के जीवन के उदाहरणों के साथ-साथ जीज़स ने कुछ ज्ञान की पंक्तियाँ भी कहीं। जिससे लोग उनकी बात को समझ पाए। जैसे : 'जिनके पास कान हैं, वे सुनें,' जीज़स द्वारा कही गई यह पंक्ति अगर किसी को बताई जाती है तो सुननेवाला सोचता है, 'हमारे पास तो

कान हैं, फिर भी ऐसा क्यों कहा कि जिनके पास कान हैं, वे सुनें?' अब इस पंक्ति का सही अर्थ जानें कि कान तो सभी के होते हैं, लोग बहरे नहीं हैं लेकिन असल में लोगों के पास कान होते हुए भी नहीं हैं क्योंकि उनके कानों से जो आवाज़ें टकराती हैं, उन्हें किन अर्थों में लिया जाता है? जब कानों से कोई आवाज़ टकराती है तो वह शब्द देने के लिए ही थी या उसके साथ कुछ अलग अनुभव था, जो वह देना चाहती थीं?

लोग जब शब्दों का पुराना अर्थ छोड़कर,सही अर्थ को समझने लगते हैं,तब उन्हें कहा जाता है कि आपको कान मिले हैं। वरना हर जगह सामनेवाले के शब्दों का शाब्दिक अर्थ समझा जाता है। परंतु जिनके पास असल में कान होते हैं, वे शब्दों का असली अर्थ सुनकर समझ पाते हैं।

जीज़स को पता था कि सभी के पास सत्य सुनने की प्यास और समझ के कान नहीं हैं। बहुत कम लोगों के पास ऐसे कान होते हैं और उनमें से भी कुछ ऐसे लोग हैं, जो 'कान–दान' करने (बिना अपना ज्ञान बीच में लाए सुनने) के लिए तैयार होते हैं।

जो सत्य जानते हैं, वे अपनी लोकभाषा में ही बात करते हैं। वे ऐसा नहीं सोचते कि किसी उच्च भाषा में बात करें, जिसे कुछ ही लोग समझकर तारीफ़ करें। जीज़स ने उस वक़्त की भाषा में जो कहा, उसे आज की भाषा में बताया जाए तो वह कुछ ऐसा होगा,'**अमीर बनो लेकिन अमीर खानदान के मत बनो, कान दान करो**' क्योंकि अमीर खानदान के बन गए तो इंसान के लिए सत्य तक पहुँच पाना बहुत कठिन हो जाएगा। जिसके पास कुछ नहीं है या जो किसी भी चीज़ को अपना नहीं मानता, उसके लिए सत्य तक पहुँचना बहुत आसान हो जाता है।

जीज़स ने उस वक़्त देखा कि अमीरों की क्या हालत है। वे तो किसी की कोई बात सुनना ही नहीं चाहते थे। जीज़स जानते थे कि अमीर केवल पैसे की भाषा समझते हैं, उन्हें केवल पैसों से लगाव होता है। उनकी यही कमज़ोरी सत्य पाने में बाधा थी। इसीलिए जीज़स द्वारा उनके लिए भी कुछ पंक्तियाँ निकली। ऐसी कई बातें उस समय जीज़स ने प्रत्यक्ष बताई जो रबियों को बर्दाश्त नहीं हुईं।

13

जीज़स द्वारा कर्मकाण्डों पर प्रहार

ज्यूज़ के रबी (पंडित-पुरोहित) लोगों को नए-नए कर्मकाण्ड में उलझाने में माहिर थे। किसी की दुकान तब चलती है जब नए-नए कर्मकाण्ड बनाए जाएँ और ऐसे बनाए जाएँ, जो लोगों को पूरे याद न हो सकें। वे कर्मकाण्ड इतने कठिन हों, इतने ज़्यादा हों कि लोगों को पंडित-पुरोहित बुलाना ही पड़े। अगर कर्मकाण्ड आसान है तो लोग ख़ुद से करेंगे, पंडितों को कोई बुलाएगा ही नहीं। जिस तरह शादियों में इतनी रस्में होती हैं कि वहाँ पर पंडितों को बुलाना ही पड़ता है। उसी तरह जीज़स के समय में रबियों द्वारा यहूदियों को कर्मकाण्ड में और यूनानियों द्वारा उन्हें लगान में उलझाया जा रहा था।

यूनानी व्यापारी थे, यहूदियों को उनकी नौकरी करनी पड़ती थी। ग़रीब जनता, ऊपर से कर्मकाण्ड और कर्मकाण्ड भी ऐसे कि वे उससे डर जाते थे। उन्हें बताया जाता,'अगर तुम्हें शुद्ध होना है तो ये-ये कर्मकाण्ड करो... नहाना है तो इस-इस तरह करो... इस दिन पर तुम यह नहीं कर सकते... उस दिन पर वह नहीं कर सकते... इस-इस दिन पर तुम पूरब दिशा में नहीं जा सकते...' इत्यादि। लोगों को हर बात में सोचना पड़ता था कि आज कौन सा कर्मकाण्ड बताया गया है। आज क्या कर सकते हैं, क्या नहीं कर सकते हैं। जिनके पास पैसा था, वे हर प्रकार के कर्मकाण्ड कर पाते थे लेकिन हर दिन के नए कर्मकाण्ड से ग़रीब जनता पिसती ही जा

रही थी। यदि कोई कर्मकाण्ड पूरा नहीं किया तो उनमें डर आता था कि कहीं कोई अपशकुन तो नहीं हो जाएगा!

इस प्रकार डर देकर ही लोगों को ऐसी मान्यताओं में रखा जाता है वरना उन पंडित-पुरोहितों की दुकान नहीं चल सकती थी, जिन्होंने ऐसे कर्मकाण्ड बनाए। लोग इस चक्रव्यूह में इतने फँसे हुए थे कि उन्हें तोड़ने के लिए स्वयं जीज़स को जगाना पड़ा।

कर्मबंधन से मुक्ति का राज़ बताते हुए जीज़स ने कहा, 'यदि बेटा अपने पिता से रोटी माँगे तो क्या पिता उसे खाने में पत्थर देगा?' जवाब आएगा, 'नहीं।' 'बेटा खाने में मछली माँगेगा तो क्या कोई पिता उसे साँप देगा?' इसका भी जवाब होगा, 'नहीं।' 'किसी दिन खाने में बेटा यदि अंडा माँगेगा तो क्या पिता उसे बिच्छू देगा?' अब भी जवाब 'नहीं' होगा।

उपरोक्त पंक्तियों का विश्लेषण करते हुए जीज़स ने स्पष्ट किया कि अगर कोई साधारण पिता अपने बेटे के साथ ऐसा व्यवहार नहीं कर सकता तो वह परम पिता, जिसे हम अपना सब कुछ मानते हैं, आपके साथ बुरा व्यवहार क्यों करेगा? मगर लोग भिन्न-भिन्न मान्यताओं में उलझे हुए हैं। यदि कोई उनके माने गए कर्मकाण्ड के विपरीत बात करे तो कुछ लोग इसे ग़लत मानते हैं। इसी से मान्यताएँ जड़ पकड़ती हैं।

जैसे कोई कहे, 'तुमने अब तक सौ मछलियाँ खाई हैं इसलिए तुम्हारे कम से कम दो-चार जन्म तो उसके फल भुगतने में ही जाएँगे।' इस तरह लोग अपने कर्म से संबंधित बातों का हिसाब-किताब करते रहते हैं कि एक जन्म में कितनी हत्याओं से छुटकारा हो सकता है। अगर इतनी-इतनी मछलियाँ खाई थीं तो इतने जन्म उसमें ही जानेवाले हैं। इस तरह बतानेवाले बताते रहते हैं क्योंकि सुननेवालों के पास कर्मकाण्डों की सही समझ ही नहीं है। वे सिर्फ़ अपनी गरदन हिलाते हैं और ज़िंदगीभर मछली नहीं मारते परंतु लोगों को मारते रहते हैं।

अब सोचें कि एक मछली की चेतना और एक बच्चे की चेतना में कितना बड़ा फ़र्क़ है। आपको दोनों में से एक को चुनना होगा तो

आप हमेशा उच्च चेतना को ही चुनेंगे, उसे ज़्यादा महत्त्व देंगे। मगर लोग तो शब्दों का ऊपरी अर्थ ही समझते हैं। इसलिए जीज़स ने समझाया कि कर्मकाण्डों में उलझने के बजाय आवश्यकता है, उच्च चेतना का महत्त्व समझने की।

कोई भी बात उस समय की परिस्थिति के अनुसार ही कही जाती है मगर जिनके पास कान नहीं हैं, वे हर परिस्थिति में एक ही चीज़ को लागू करते हैं। वे शब्दों का वही रटा-रटाया अर्थ पकड़कर, ज़िंदगीभर उसका अनुकरण करते हैं। लेकिन उससे चेतना का स्तर तो उच्च नहीं होता।

14

प्रार्थना का महत्त्व

एक रसायनशास्त्र की प्रयोगशाला में जैसे ट्यूब्स होते हैं, वैसे ही दो शीशे के ट्यूब्स हैं और दोनों के बीच में एक पतली सी नली है, जिनके अंदर हमें कुछ भरना है। जब एक ट्यूब में आप कुछ भरते हैं तो दूसरे में भी वह भरता जाता है। पहली में जितना भरेंगे, दूसरी में भी उतना ही भरता है। आप चाहते हैं केवल पहली ट्यूब भरे लेकिन ऐसा नहीं होता, दूसरी ट्यूब भी भर रही होती है। यदि यह प्रयोग करके देखेंगे तो आपको समझ में आएगा कि वाक़ई ऐसा ही होता है। हम एक ट्यूब में पानी डाल रहे हैं, जो दूसरी ट्यूब में भी भर उतना ही रहा है। इस प्रयोग द्वारा ट्यूब में पानी डाला जाए तो ऐसा कभी नहीं होगा कि एक में ज़्यादा और दूसरे में कम भरेगा। जितना एक ट्यूब में होगा, उतना ही दूसरी में भी जाएगा।

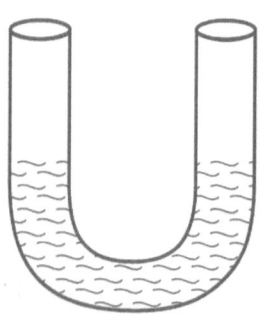

इस उदाहरण से समझें कि 'प्रार्थना' और 'प्रभु का राज्य' (हृदय स्थान, स्वअनुभव) ऐसे ही दो ट्यूब्स हैं। जिनमें समझ के साथ की गई प्रार्थना के ज़रिए परम अनुभव की ट्यूब तक पहुँचा जा सकता है, जिसे 'क्राईस्ट चेतना' या 'प्रभु का राज्य' कहा गया है। जीज़स द्वारा ऐसी पंक्तियाँ बार-बार कही गईं, 'बच्चे ही प्रभु के राज्य में प्रवेश कर सकते हैं' या 'पहले प्रभु के राज्य में प्रवेश करो, फिर तुम्हें सब चीज़ें मिलेंगी।' मगर वे शिक्षाएँ किसी को समझ में नहीं आईं।

लोगों की समझ के अनुसार प्रभु के राज्य में प्रवेश पाने के लिए जीज़स द्वारा प्रार्थना का महत्त्व बताया गया। इसे उपरोक्त बताए गए ट्यूब के उदाहरण में जानना हो तो वह इस तरह होगा कि अगर दूसरी ट्यूब, जो अनुभव का प्रतीक है, भरनी है तो उसमें सीधे पानी नहीं डाल सकते क्योंकि आशंका थी कि इसे लोग समझ नहीं पाएँगे। यदि दूसरी ट्यूब से शुरुआत की होती तो लोगों ने आज जो समझा है, वह भी नहीं समझा होता।

मूल उद्देश्य (सत्य स्थापना) सफल करने हेतु लोगों को बताया गया कि पहली ट्यूब में पानी रूपी प्रार्थना भरें। देखा गया कि लगातार प्रार्थना करने से उसका कुछ-कुछ असर दूसरी ट्यूब पर भी हो रहा है। इसीलिए जीज़स द्वारा हर बार प्रार्थना करने पर ज़ोर दिया गया ताकि लोगों को प्रार्थना करने की सही कला आ जाए।

लोगों की चेतना इतनी निम्न है कि प्रार्थना करने की इतनी सरल सी बात भी वे नहीं समझ पाते और अपने दुःखों में लगे रहते हैं। वे हर रोज़ इन्हीं विचारों में उलझे रहते हैं कि आज की मछली कैसे मिले, आज की ब्रेड कैसे मिले? इससे ज़्यादा वे कुछ और समझने को तैयार ही नहीं हैं। इसीलिए ज़रूरी है कि सबसे पहले लोगों से प्रार्थना करवाई जाए।

प्रार्थना करवा-करवाकर उनका विश्वास बढ़ेगा, तभी उच्च संभावना दिखनी शुरू होगी। वरना अगर लोगों की आँखों के पीछे से विश्वास के बजाय शंका या शक है तो उन्हें कुछ भी सकारात्मक नहीं दिखाई देगा। लेकिन लोग इस बात को भी नहीं समझते। उन्हें लगता है कि सब ढोंग है। चूँकि वे विश्वास कर ही नहीं पाते इसलिए अंजाने में ही अपनी सकारात्मक

संभावनाओं को समाप्त कर लेते हैं और उन्हें इस बात का एहसास तक नहीं होता।

हालाँकि इंसान तो प्रार्थना करने के लिए पात्र भी नहीं है। लेकिन शुरुआत तो करनी ही पड़ेगी, भले ही पात्रता हो या न हो। उस समय की परिस्थिति भी विकट थी क्योंकि लोगों को प्रार्थना में क्या माँगना चाहिए और कैसे माँगना चाहिए, यह भी ठीक से पता नहीं था। जब लोगों को ठीक से माँगना भी नहीं आता तो प्रभु का राज्य तो दूर की बात है। इसीलिए बार-बार प्रार्थना करके, पात्रता बढ़ाने के लिए कहा जाता है। पात्रता यानी प्रार्थना करने से जो चीज़ आएगी, उसे सँभालने की तैयारी करना। अगर पात्रता नहीं होगी तो प्रार्थना करने से जो शक्तियाँ मिलेंगी, उन्हें इंसान सँभाल नहीं पाएगा। जीज़स की बारह शक्तियाँ थी उनके वे बारह शिष्य, जिन्हें जीज़स ने खुद तैयार करके संसार में भेजा था।

कई लोग प्रार्थना में सुख-सुविधा देनेवाले वस्तुओं की माँग करते हैं, जो उन्हें मिल भी जाती हैं। लेकिन अगर आप ज़िंदा इंसान को पाने के लिए प्रार्थना कर रहे हैं तो प्रकृति की दिव्य योजना के अनुसार ही वह आपके जीवन में आ सकता है। वरना आपका उस इंसान से बेवजह जुड़ाव नहीं होगा। जब तक आप प्रभु के राज्य में बैठकर इस बात को नहीं समझेंगे, तब तक आपको सही तरीक़े से प्रार्थना करना नहीं आएगा। प्रार्थना करने का अर्थ ही यह है,'ईश्वर के गुणों के अनुसार मैं जो चीज़ें चाहता हूँ, वे मेरे जीवन में आएँ।' फिर वे चीज़ें ईश्वर के गुण प्रकट करने के लिए आएँगी, तेजप्रेम के लिए आएँगी, न कि कामना या वासना के लिए।

लोग इन बातों को भूलकर ग़लत तरीक़े से प्रार्थनाएँ करते हैं। इससे जो चीज़ें उनके जीवन में आती हैं, वे उनका दुःख ही बढ़ाती हैं। इसीलिए लोगों को प्रार्थना करना सिखाना चाहिए और पात्रता तैयार करनी चाहिए। साथ ही यह भी महत्त्वपूर्ण है कि प्रार्थना में माँग क्या हो और कैसी हो। लेकिन यह कोई एक पल में हो जानेवाली चीज़ नहीं है। इसीलिए इंसान को ग़लतियाँ कर-करके प्रार्थना करना सिखते जाना चाहिए। पहले आप प्रार्थना करेंगे, फिर आपको कुछ मिलेगा, फिर जो मिला कैसे मिले उस

पर मनन होगा। अगर मिलने के बाद लगातार मनन होगा तो धीरे-धीरे सुधार होता जाएगा और समझ में आता जाएगा कि प्रार्थना में अलग क्या माँगना चाहिए। अगर यह सब नहीं करेंगे तो माँगने का अभ्यास कैसे होगा। इसीलिए छोटी-छोटी चीज़ों के लिए भी लोगों से प्रार्थना करने को कहा जाता है।

प्रार्थना है, सबसे बड़ी 'माँग।' जब इंसान प्रार्थना करता है तब वह धीरे-धीरे सीखता जाता है कि प्रार्थना में कैसे माँगते हैं। जो चीज़ आप बार-बार करते हैं, उसका परिणाम देखेंगे तो कहेंगे, 'अरे! यह ऐसे-ऐसे माँगना चाहिए था... ऐसे माँगने से मिलता है... इसमें अकड़ या अज्ञान के साथ माँगा तो नहीं मिलेगा...।' इस तरह लगातार प्रार्थना के ज़रिए जब आप उसकी उच्चतम अवस्था तक पहुँच जाएँगे तब आपको सत्य बहुत आसान लगने लगेगा। जहाँ पर आपको सिर्फ़ प्रार्थना में कहना है, 'हम स्वअनुभव में स्थापित हो जाएँ,' तो बस! हो जाएँगे। यह इतना ही आसान है। लोगों में यही उच्चतम संभावना खोलने हेतु जीज़स द्वारा प्रार्थना के महत्त्व के बारे में बार-बार समझाया गया।

शुरुआत में ही इंसान से अनुभव (मोक्ष) की प्रार्थना करवानी थी। मगर वह समझ नहीं पाएगा कि अनुभव क्या होता है? कैसा होता है? जो अनसीन, अदृश्य होता है, उसकी तो इंसान कल्पना भी नहीं कर सकता। स्वअनुभव किसी को दिखाई नहीं देता इसलिए किसी को उसका कोई आकर्षण भी नहीं होता है। इसलिए पहले सांसारिक चीज़ों के लिए प्रार्थना करना सिखाया जाता है, जो कि असल में तैयारी है, जिसके ज़रिए परम अनुभव के लिए प्रार्थना करना सीखा जा सके। वही अनुभव प्राप्त करने के लिए जीज़स ने प्रभु से जो प्रार्थना की थी, वह इस प्रकार है :

हे पिता! तू जो आसमानों में है,

तेरा नाम मुबारक हो,

तेरी बादशाहत दुनिया में आए

और यहाँ भी तेरी मौज उसी तरह चले,

जिस प्रकार वह आसमानों में चलती है।
हमें आज की रोटी दे
(शरीर और आत्मा दोनों की) ।
हमारे कर्ज़ व गुनाह माफ़ कर दे,
जिसे पाकर हम अपने कर्ज़दारों को माफ़ करते हैं।
हमें संसार के प्रलोभनों से बचा
और हमें बुराइयों और पापों से हटा
क्योंकि सब स्थानों में तेरी ही बादशाहत है,
तू समर्थ शक्तिमान है,
तेरा ही प्रताप है और हमेशा रहनेवाला है।

निष्कपट भाव से की गई यह प्रार्थना हमें आत्मसाक्षात्कार के मार्ग पर अग्रसर होने में मदद करेगी।

15

जीज़स के क्रांतिकारी महावाक्य

पहला महावाक्य

धन्य हैं वे लोग जो दीन हैं क्योंकि उन्हें प्रभु का राज्य मिलेगा।

जीज़स के पहले प्रवचन की पहली पंक्ति थी, 'धन्य हैं वे लोग जो दीन हैं क्योंकि उन्हें प्रभु का राज्य मिलेगा।' यहाँ पर दीन का अर्थ ग़रीब लोग नहीं बल्कि जो लोग समर्पित हैं, जहाँ समर्पण हुआ है, जहाँ अहंकार ख़त्म हो चुका है, ऐसे लोगों को दीन कहा गया है। समर्पण और स्वीकार भाव के बाद, जो आनंद तैयार होता है, वह आपमें स्वर्ग का भाव स्थापित करता है।

जीज़स ने अपने ज्ञान को जनसाधारण तक पहुँचाने के लिए उन्हीं शब्दों का प्रयोग किया, जो उस समय के लोगों को प्रेरणा देते थे। जैसे : 'प्रभु का राज्य' इस शब्द से लोग जीज़स की ओर खींचे चले जाते थे। हर किसी को शुरुआत में प्रेरणा की ज़रूरत होती है। जैसे : माता-पिता बच्चों को लुभावने-मीठे शब्द कहकर उनसे काम करवा लेते हैं। कई हज़ार वर्ष पहले के बच्चों को अगर आप कहते, 'हम आपको चॉकलेट देंगे,' तो वे आपका कहना नहीं मानते क्योंकि उस वक़्त उनके लिए वह प्रेरणा नहीं थी। जो लोग संपूर्णतः समर्पित होते थे, उन्हें प्रभु का राज्य प्राप्त होता था। 'प्रभु का राज्य' यानी जिसे आप आज के शब्दों में आत्मसाक्षात्कार या सेल्फ़ रियलाइजेशन कहते हैं।

दूसरा महावाक्य

धन्य हैं वे लोग जो शोक करते हैं
क्योंकि उन्हें सांत्वना मिलेगी।

उपरोक्त पंक्ति का अर्थ है, जिन लोगों को निराशा महसूस होती है, वे लोग धन्य हैं क्योंकि सृष्टि में उन्हीं लोगों के द्वारा कुछ नवनिर्माण होता है या क्रांति होती है। जो लोग कभी निराश नहीं होते, उनके जीवन में कोई परिवर्तन नहीं आता। सत्य के प्यासे इंसान को अगर कहा जाए, 'हम आपको सत्य के बदले सुख-सुविधा देंगे' तो वह कहेगा, 'जब तक मुझे अंतिम सत्य नहीं मिलता तब तक मैं शोक करता रहूँगा।'

सांत्वना यानी अंतिम सत्य। लोगों को जो सांत्वना मिलती है, उसके परिणामस्वरूप थोड़ी देर के लिए वे राहत महसूस करते हैं लेकिन उनमें कोई बदलाव नहीं होता, कुछ समय के बाद वे फिर से पूर्वानुरूप हो जाते हैं।

उदाहरणतः जब किसी के घर में कोई गुज़र जाता है तो उसका पड़ोसी उसे सांत्वना देता है, 'देखो सभी के साथ ऐसा होता है, यही सत्य है, इसे स्वीकार करो।' इस तरह वह उसे बड़ी-बड़ी ज्ञान की बातें बताता है। मगर कुछ दिनों बाद जब उसी पड़ोसी के घर में कोई गुज़र जाता है तो दूसरा इंसान आकर उससे वे ही बातें कहता है। अर्थात बिना समझ के दूसरे को दिए गए शब्द खुद के काम नहीं आते, उनसे सिर्फ़ राहत महसूस होती है।

भगवान बुद्ध के जीवन में तब निराशा आई, जब उन्होंने किसी बूढ़े को देखा, बीमार को देखा, किसी की मृत्यु देखी, किसी संन्यासी को देखा। जिससे उनके अंदर व्याकुलता तैयार हुई। उस व्याकुलता की वजह से ही उनकी खोज शुरू हुई। तत्पश्चात जो सत्य प्रकट हुआ, वह आज तक लोगों को फ़ायदा दे रहा है।

उन्होंने सृष्टि का रहस्य जाना कि व्यक्ति (अहंकार) कैसे तैयार होता है? छूटी हुई कड़ी कौन सी है? अविद्या क्या है? ऐसी कौन सी जगह है, जहाँ पर होश जागने पर दुःख से मुक्ति मिल सकती है, दुःख मुक्ति का रास्ता मिल सकता है?

भगवान बुद्ध को दुःख मुक्ति का रास्ता मिला यानी उन्हें सांत्वना मिली, जो स्थायी सांत्वना थी। फिर उनके शरीर से घोषणा उठी कि अब दुःख से मुक्त हो गए। यह घोषणा केवल वही कर पाएगा, जिसने पूरा सत्य जान लिया हो। बिना सत्य की पहचान के इंसान को यह घोषणा करने से डर लगता है, ख़तरा महसूस होता है कि मैं दुःख से मुक्ति की घोषणा कैसे करूँ... पता नहीं कल क्या हो जाए? कल यदि किसी ने मुझे दुःखी देखा तो वह मेरे बारे में क्या सोचेगा...? इसलिए अन्य कोई यह घोषणा नहीं कर सकता।

जो स्वअनुभव से रहस्य जान गया है, वही घोषणा करता है। बुद्ध के जीवन में खोज की शुरुआत शोक से हुई इसलिए कहा गया, 'धन्य हैं वे लोग जो शोक करते हैं।' वरना लोग उदास और परेशान होते हैं तो कहते हैं, 'न जाने यह निराशा कब ख़त्म होगी?' अतः लोग निराशा का अस्थायी इलाज ढूँढ़ने हेतु शराबख़ाने जाते हैं, पार्टियाँ करते हैं, न्यूज़ पेपर पढ़ते हैं, गाने सुनते हैं। इस तरह लोग मनोरंजन के साधनों से अपना दिल बहलाते हैं ताकि थोड़ी देर के लिए ही सही मगर निराशा दूर हो जाए। ऐसे में जब किसी में यह समझ जागृत होती है कि निराशा कुछ हासिल करने के लिए आई है तो वह उसे सही दिशा में लगा पाता है।

तीसरा महावाक्य

जो आगे खड़े हैं उन्हें पीछे ले लिया जाएगा,
जो पीछे हैं वे आगे आ जाएँगे।

जो हारने के लिए पहले से ही तैयार है, उसे कोई हरा नहीं सकता। जो हारने के लिए हरदम तैयार हैं उनके पास समझ होती है कि हारने के लिए कुछ है ही नहीं।

जैसे एक इंसान कहता है, 'मैं हारना चाहता हूँ' और आपने उसे हरा दिया तो वह कहेगा, 'यही तो मैं चाहता था।' अब इस घटना को उसके दृष्टिकोण से देखा जाए तो हक़ीक़त में वह जीत गया क्योंकि वह वही चाहता था, उसकी चाहत पूरी करने में आपने उसकी मदद की। जो अपनी

चाहत में कामयाब हो गया, वह हारा नहीं, जीत गया। हारनेवाले को कोई हरा नहीं सकता, वह हमेशा जीतता है क्योंकि हारने के लिए कुछ है ही नहीं।

जो इंसान हारने (समर्पण) को तैयार होता है, वही जीवन का सबसे ज़्यादा आनंद लेता है। जब तक मान्यता है तब तक लगता है कि मेरा यह छूट जाएगा, वह छूट जाएगा, मैं यह हार जाऊँगा, मैं वह हार जाऊँगा। मान्यता हटते ही हार भी जीत में बदल जाती है। इसी आशय को कहा गया,'जो लोग आगे हैं, वे पीछे चले जाते हैं'क्योंकि उनकी हालत कभी भी पीछे जाने जैसी होती है यानी वे कभी भी हार सकते हैं।

उदाहरणतः कुछ लोग चुनाव जीतते हैं तो आपको लगता है कि वे बड़े ख़ुश होंगे मगर ऐसा नहीं होता। जीतने के बाद उनके अंदर यही विचार चलते हैं,'अभी पाँच साल टिके रहना है, तत्पश्चात फिर से चुनाव में जीतने की तैयारी अभी से करनी पड़ेगी।'

इस तरह आप सोच भी नहीं सकते कि उन्हें कितना तनाव होता है। पहले उन्हें लगता है कि जीतने के बाद तनाव कम हो जाएगा लेकिन असल में तनाव कम नहीं होता बल्कि बढ़ता ही जाता है। जैसे-जैसे कामयाबी मिलती है, वैसे-वैसे तनाव बढ़ता जाता है। देखनेवाले को लगता है कि इतना आगे पहुँचकर वह बड़ा ख़ुश होगा मगर हक़ीक़त कुछ और ही होती है।

जो इंसान हमेशा तनाव में जीता है, वह पीछे जा रहा है यानी उसका आंतरिक विकास रुक जाता है। जो एक तरह से विकास न होने के बराबर है। आज तक जिन भी महात्माओं ने ऐसे क्रांतिकारी वाक्य बताए, लोगों को वे ख़तरनाक लगे क्योंकि ऐसे महावाक्यों से उनकी मान्यताओं पर इससे सीधे चोट पड़ती है। खेदजनक बात यह है कि ऐसे संतों के बारे में लोग सोचते हैं,'पहले इसे सूली पर चढ़ाओ, बाद में इसकी पूजा करेंगे।' तत्पश्चात पूरा धर्म, मज़हब, संप्रदाय उनके पक्ष में खड़ा हो जाता है। मगर जब वे उपस्थित होते हैं तब उन्हें कोई क़ीमत नहीं देता। तब सत्य को यह कहकर झुठलाया जाता है कि ये सब बकवास बातें हैं।

ये कुछ आसान से रहस्य जीज़स द्वारा उस वक़्त के लोगों की ज़रूरत के अनुसार बताए गए। जिन्हें ये रहस्य समझ में नहीं आएँगे, उन्हें वे उतने महत्त्वपूर्ण नहीं लगेंगे। वे सोचेंगे, 'यह हमारे काम की चीज़ नहीं है।' मगर मनन द्वारा सभी को ये रहस्य समझ में आ जाएँ तो विश्व में तेज क्रांति हो सकती है।

चौथा महावाक्य

ईश्वर का पुत्र

जीज़स की पूरी शिक्षा थी, '**मैं ईश्वर का पुत्र हूँ, तुम भी हो। जो मैं कर सकता हूँ, वह तुम भी कर सकते हो बल्कि उससे ज़्यादा कर सकते हो।**' यह पंक्ति पूर्ण होने के बाद पूर्णविराम दिया गया था। उन्होंने कहा था, 'और उससे ज़्यादा' ताकि जो लोग अंधश्रद्धा की वजह से उलझे हुए थे, उन्हें पता चले कि वह सत्य उनके अंदर भी है यानी ज्ञान सभी के अंदर है।

जो लोग कुछ भी नहीं समझ सकते, उनके लिए यही ठीक है कि वे जीज़स को ईश्वर का पुत्र मानते हुए शुरुआत करें। जब मूर्तियों की स्थापना हुई तब मूर्ति बनानेवाले लोगों ने बहुत सोच-समझकर मूर्तियाँ बनाईं ताकि जो लोग कुछ भी नहीं समझ सकते, उनके लिए मूर्तियों द्वारा कुछ इशारे दिए जाएँ, जिससे उनकी सत्य के रास्ते पर चलने की शुरुआत तो हो सके।

इसी तरह जीज़स ने जो पंक्तियाँ कहीं, उस आधार पर कुछ लोगों ने कहा, 'अगर हम आपको ईश्वर का पुत्र मानेंगे तो क्या हमारा कल्याण होगा?' जीज़स ने देखा कि ये इन लोगों में उच्चतम ज्ञान को समझने की पात्रता अभी तक तैयार नहीं हुई है इसलिए उन्होंने 'हाँ' कहा। वे पहली श्रेणी के लोग थे। मगर जो उच्च ज्ञान को पाने के लिए पात्र थे, वे सत्य सुनना चाहते थे, ऐसे लोगों को जीज़स ने स्पष्ट शब्दों में ज्ञान बताया।

जीज़स जैसे अनेक संतों ने जो रहस्य जाने, वे उन्होंने थोड़े से लोगों को ही बताए। फिर उन थोड़े से लोगों को ऐसे पात्र लोग थोड़े मिले, जो उन शिक्षाओं का शुद्ध रूप में प्रचार-प्रसार कर पाते। परिणामतः पूरे संसार

में वे ही शिक्षाएँ फैलती हैं, जिनमें शुरुआत की बातें होती हैं क्योंकि वे बातें सुननेवाले लोग ज़्यादा होते हैं। असली ज्ञान सुननेवाले लोग इस संसार में कम हैं।

पाँचवाँ महावाक्य

धन्य हैं जो दया करेंगे, उन पर दया की जाएगी।
जो क्षमा करेंगे, उन्हें क्षमा किया जाएगा।

एक दिन जीज़स के शिष्य पीटर ने उनसे पूछा, 'प्रभु! मेरा भाई मेरे प्रति अकसर अत्याचार करता है। मेहरबानी करके बताइए कि मुझे उसे कितनी बार माफ़ी देनी चाहिए? क्या सात बार माफ़ कर देना उचित रहेगा?'

जीज़स ने कहा, 'सात बार नहीं, सतहत्तर बार माफ़ी दो। मैं एक कहानी सुनाता हूँ, जिससे तुम स्वयं समझ जाओगे।' कहानी इस प्रकार है –

एक राजा था। उसने अपने एक नौकर को ऋण के तौर पर काफ़ी धन दिया था किंतु वह नौकर ऋण चुकाने में असमर्थ था। कई दिनों बाद राजा ने हुक्म दिया कि उस नौकर के बाल–बच्चों समेत उसके पूरे परिवार को बेचकर ऋण वसूल किया जाए। वह नौकर गिड़गिड़ाकर राजा के पाँव पर गिर पड़ा और उनसे निवेदन किया, 'राजन! मैं बहुत ग़रीब आदमी हूँ, मुझ पर दया की जाए। मैं वादा करता हूँ कि धीरे–धीरे आपका पूरा ऋण चुका दूँगा।'

राजा को उस पर दया आ गई और उन्होंने उसका पूरा ऋण माफ़ कर दिया। अब नौकर खुशी–खुशी वापस अपने घर की ओर जाने लगा। रास्ते में उसे उसका सहकर्मी मिला, जिसने उससे बहुत थोड़े से पैसे उधार लिए थे। नौकर ने अपने सहकर्मी की गर्दन पकड़कर अपने उन थोड़े पैसों का तकाजा किया। जिस तरह पहले नौकर ने राजा के पाँव पर गिरकर दया की भीख माँगी थी। उसी प्रकार उसका सहकर्मी भी उसके पाँव पर गिरकर दया

की भीख माँगने लगा परंतु उसे अपने सहकर्मी पर बिलकुल दया नहीं आई। सहकर्मी के बार-बार वादा करने के बावजूद उसने दया करने के बजाय उसे हवालात में बंद करवा दिया।

राज्य के कुछ सिपाहियों ने यह सारी घटना देखी तो उन्हें बहुत क्रोध आया। उन्होंने राजा के पास जाकर इसकी सूचना दे दी और पूरी घटना का सिलसिलेवार बयान किया।

राजा ने अपने पहले नौकर को बुलाकर कहा, 'ए दुष्ट नौकर! क्या तुम भूल गए कि मैंने तुम्हारे लाखों रुपयों का ऋण माफ़ कर दिया था क्योंकि तुमने मेरे पाँव पर गिरकर दया की भीख माँगी थी। मैं कल्पना नहीं कर सकता कि जिसके इतने बड़े ऋण को माफ़ कर दिया गया था वह इतना नीच हो जाएगा कि अपने सहकर्मी का एक छोटा सा ऋण, जो उसके माफ़ किए गए ऋण का हज़ारवाँ हिस्सा भी नहीं है, माफ़ नहीं कर सकता।'

ऐसा कहकर राजा ने उसे तब तक के लिए कारागार में डाल दिया जब तक वह राजा का पूरा ऋण चुका नहीं देता।

यह कहानी बताकर जीज़स ने पीटर से कहा, 'पीटर! स्वर्ग में स्थित मेरे पिता तुम सबके साथ वैसे ही व्यवहार करेंगे यदि तुम लोग अपने बंधुओं की ग़लती तहे दिल से माफ़ नहीं करोगे।' इसलिए जीज़स द्वारा कहा गया, 'जिसने हृदय से क्षमा किया, उसे क्षमा किया जाएगा।'

छठवाँ महावाक्य

सुई की छेद से ऊँट गुज़र सकता है (आसान है)
मगर एक अमीर (धन पर विश्वास रखनेवाले)
इंसान का प्रभु के राज्य में प्रवेश पाना कठिन है।

एक अमीर इंसान जीज़स के पास आया और बहुत आँसू बहाकर उसने कहा, 'मुझे अंतिम सत्य चाहिए।' जीज़स ने कहा, 'ठीक है, तुम्हारे पास जो भी धन-दौलत है, उसका त्याग करो और मेरे साथ हो लो।' यह सुनकर

वह परेशान हो गया और बोला, 'यह तो नहीं हो पाएगा।' इस पर जीज़स ने कहा, 'ठीक है, फिर जैसी आपकी मरज़ी।' यह सुनकर वह इंसान चला गया।

उसके जाने के बाद जीज़स ने पंक्ति कही, 'सुई की छेद से ऊँट निकल सकता है (आसान है) मगर एक अमीर (धन पर विश्वास रखनेवाला) इंसान का प्रभु के राज्य में प्रवेश पाना कठिन है।' अमीर इंसान यानी वह इंसान जिसमें दौलत की मालकियत का भाव है, जो यह समझता है कि यह दौलत मेरी है, जिसे ईश्वर से ज़्यादा धन पर भरोसा है।

इसी आशय को संक्षिप्त में इस तरह समझा जा सकता है कि कोई भी चीज़ जो आपके पास है, जिसका आप इस्तेमाल करते हैं, वह आपकी है। उदाहरणतः आपके पास बीस रुपए हैं, आपने उनमें से दस रुपए इस्तेमाल किए और दस रुपए किसी और को दे दिए तो समझ जाएँ कि जो दस रुपए आपने किसी और को दिए, वे उसी के थे, आप सिर्फ़ उन्हें अपनी जेब में लेकर घूम रहे थे। अतः अगर आप कोई चीज़ अपने साथ लेकर घूम रहे हैं तो इसका अर्थ यह नहीं है कि वह चीज़ आप ही की है।

आपके बैंक में पड़े हुए पैसे आपके हैं, ऐसा नहीं है। वे किसी और के हैं, आप सिर्फ़ उन्हें सँभाल रहे हैं। इसी के साथ यह समझ भी रखें कि आपके पैसे कोई और सँभाल रहा है।

बताने का तात्पर्य है कि हर एक में से सिर्फ़ पैसों की मालकियत का भाव हट जाए और समझ जागृत हो कि आपके पास जो पैसा है, आप केवल उसका इस्तेमाल करते हैं। आपके पास घर हैं तो आप उसका इस्तेमाल कर रहे हैं। इसी को एक और उदाहरण से जानें।

एक इंसान किसी राजमहल में प्रवेश पाना चाहता था लेकिन सिपाही उसे राजमहल के अंदर नहीं आने दे रहे थे। उसने राजा को ख़बर भिजवाई कि मुझे महल में आकर रहना है। राजा को आश्चर्य हुआ कि कौन इंसान है, जो कह रहा है कि मुझे महल में रहना है। अतः उस इंसान को बुलाया गया। राजा ने उससे

कहा, 'तुम यहाँ कैसे रह सकते हो, यह तो हमारा महल है?' इस पर उस इंसान ने राजा से पूछा, 'आपसे पहले यहाँ कौन रहता था?' राजा ने कहा, 'मेरे पिताजी रहते थे।'

फिर उस इंसान ने पूछा, 'उनके पहले कौन रहता था?' राजा ने बताया, 'हमारे दादाजी रहते थे।' 'उनके पहले कौन रहता था?' 'उनके पिताजी।' 'उनके पहले कौन था?' 'हमारे दादाजी के पिताजी के दादाजी।'

इस तरह उस इंसान और राजा के बीच देर तक चर्चा हुई। अंत में उस इंसान ने राजा से कहा, 'इस महल में इतने सारे लोग रहते आए हैं तो यह धर्मशाला ही हुई, आप भी तो रह ही रहे हैं। बस! तो मैं क्यों नहीं रह सकता... मैं भी यहाँ रहूँगा।'

ठीक ऐसे ही आप जहाँ रह रहे हैं, वह आप ही का घर है, ऐसा नहीं है। आप वहाँ मज़े से रहें मगर ख़ुद को उसका मालिक न मानें। यक़ीन मानें कि हर चीज़ से मालकियत का भाव हट जाने से बहुत बड़ी राहत मिलती है।

अगर यह बात आपकी समझ में आ गई तो आपके अंदर सब बदल जाएगा। तत्पश्चात बाहर से तो लोग जानेंगे कि यह घर किसका है लेकिन आप सचेत रहेंगे, 'इस घर में हम सिर्फ़ रह रहे हैं। जब तक हम इसका इस्तेमाल कर रहे हैं तब तक यह हमारा है। जब हम इसका इस्तेमाल करना बंद कर देंगे तब यह हमारा नहीं होगा। फिर जो इसे इस्तेमाल करेगा, यह उसका होगा।' इस तरह सही समझ के साथ इंसान के अंदर की मालकियत का भाव ख़त्म हो जाएगा।

जीज़स ने कहा, 'जो अमीर हैं यानी जो मालिक बनकर बैठा है, वह सुई की छेद (माया जाल) से नहीं निकल सकता क्योंकि वही मालकियत उसके लिए बाधा बन जाएगी, जिस कारण वह वहाँ से निकल नहीं पाएगा।' इस तरह जीज़स की शिक्षाओं में बहुत ही गहरी बातें बताई गईं, जो उस वक़्त के लोगों की समझ और ज़रूरत के अनुसार थीं।

सातवाँ महावाक्य

> जिनके पास है उन्हें और दिया जाएगा, जिनके पास नहीं है, उनसे छीन लिया जाएगा।

उपरोक्त पंक्ति सुनकर साम्यवादी विचारधारावाले लोगों को पहले लगेगा कि यह ग़लत पंक्ति है। सही पंक्ति यह होनी चाहिए,'जिसके पास नहीं है, उसे दिया जाएगा और जिसके पास है, उससे छीन लिया जाएगा।' मगर यहाँ विपरीत पंक्ति बताई गई है,'जिनके पास है, उन्हें और दिया जाएगा।'

अर्थात जिनके पास ज्ञान है, समझ है, वे ख़ुद-ब-ख़ुद और सुनना चाहते हैं। लोग सोचते हैं कि हमें समझ मिल जाएगी, ज्ञान मिल जाएगा तो हम आगे नहीं सुनेंगे लेकिन होता ठीक इसके विपरीत है। जिन्हें जितनी ज़्यादा समझ प्राप्त होती है, उनकी उतनी ज़्यादा उपस्थिति होती है। जिन्हें ज्ञान मिलने लगता है, वे चाहते हैं कि और सुनें, उन्हें और मिलता भी है। इसलिए कहा गया,'जिनके पास है उन्हें और दिया जाएगा, जिनके पास नहीं है उनसे छीन लिया जाएगा।'

कुछ लोगों को जीज़स की बातें समझ में नहीं आईं। उन्हें लगा ये अपना धर्म फैलानेवाले लोग हैं। परिणामतः वे जीज़स के खिलाफ़ हो गए और उन्हें सख़्त सज़ा दी गई। समझ के अभाव के कारण उस समय के लोगों ने जीज़स को सूली पर लटका दिया। उसके बाद की कहानी तो प्रायः सभी जानते हैं।

आठवाँ महावाक्य

> जो दे सकता है, वह मालिक है, जो नहीं दे सकता वह चौकीदार का काम करता है।

कुछ लोग पैसे के मालिक होते हैं यानी वे पैसे का इस्तेमाल करते हैं और कुछ लोगों का पैसा मालिक होता है, ऐसे लोग पैसे के पीछे भागते रहते हैं। जैसे एक बैल को रस्सी से बाँधकर ले जानेवाला इंसान बैल का मालिक है या बैल उस इंसान का मालिक है, इसका पता यदि लगाना हो तो रस्सी

को काटकर देखें। कौन किसके पीछे भागता है – बैल इंसान के पीछे या इंसान बैल के पीछे?

एक राज्य के राजा ने जब यह ख़बर सुनी कि राज्य में एक महाकंजूस रहता है तो राजा ने एक प्रतियोगिता का आयोजन करवाया। जिसमें राज्य के सारे कंजूस लोगों को बुलाया गया। अपनी योजना के अनुसार राजा ने अपने पूरे राज्य में यह ऐलान करवाया कि यह प्रतियोगिता जीतनेवाले राज्य के सबसे बड़े कंजूस इंसान को राजा की आधी दौलत इनाम में दी जाएगी। उस महाकंजूस ने भी इस प्रतियोगिता में भाग लिया और वह जीत भी गया। राजा ने उसे बुलाकर बताया, 'आज से मेरी आधी दौलत तुम्हारी। अगर तुम राज्य का इतना बड़ा ख़ज़ाना अपने घर पर ले जाओगे तो तुम्हें उसे रखने के लिए नई जगह बनानी पड़ेगी, जिसमें काफ़ी ख़र्चा भी होगा। ऐसा करो कि तुम अपनी सारी दौलत लेकर आओ, उसे राज्य के ख़ज़ाने के साथ रखो और उसे तुम ही सँभालो। मेरी जो आधी दौलत है, मुझे उसमें से जब-जब ज़रूरत होगी मैं ले लूँगा, तुम्हें बना बनाया ख़ज़ाने का स्थान मिल जाएगा।' राजा की बात सुनकर वह इंसान बड़ा ख़ुश हुआ और उसने राजा के ख़ज़ाने के साथ अपनी दौलत भी लाकर रख दी।

मंत्री ने राजा से पूछा, 'आपने ऐसा क्यों किया? आपने पूरा ख़ज़ाना ही उसे दे दिया।' तब राजा ने भेद खोला, 'हाँ, हमें जब भी ज़रूरत पड़ेगी हम अपने आधे ख़ज़ाने से लेते जाएँगे। वैसे भी यह इंसान और कितने साल जीनेवाला है और हमें अच्छे चौकीदार की भी ज़रूरत है, जिसके लिए यह इंसान बिलकुल योग्य है। यह एक पैसा भी ख़र्च नहीं करेगा। तुम्हें ऐसा लगता है कि हमने आधा ख़ज़ाना उसे दे दिया है मगर ऐसा नहीं है। हमें मुफ़्त में चौकीदार मिल गया है, जिसे तनख़्वाह देने की ज़रूरत नहीं। वरना ख़ज़ाने की चौकीदारी के लिए चौकीदार को

तनख़्वाह देनी पड़ेगी और उस पर किसी को चौकीदारी करनी पड़ेगी कि कहीं उसकी नीयत न ख़राब हो जाए। यहाँ तो नीयत भी अच्छी है और बेचारा रातभर जागता भी रहेगा। उठकर बीच-बीच में देखेगा कि कहीं कोई चोर तो नहीं आया। मुफ़्त में इतना अच्छा चौकीदार हमें मिल गया है।'

इस कहानी से समझें कि जो मालिक होता है वही दे सकता है, चौकीदार सिर्फ़ चौकीदारी ही करता है। जैसे आपको किसी ने अमानत के तौर पर पेन दिया हो तो वह पेन आप किसी और को नहीं देते क्योंकि आप उसके मालिक नहीं हैं। आपका पेन हो तो आप दे सकते हैं क्योंकि आप उसके मालिक हैं। उसी तरह आप पैसे के मालिक बनें और हमेशा मन में देने का भाव रखें।

नौवाँ महावाक्य

एक मूर्ख स्त्री की सुंदरता किसी सुअर की थूथन में पहनाई गई नथ समान है।

लोगों के लिए सुंदरता बाधा न बने इसलिए जीज़स द्वारा यह महावाक्य कहा गया। स्त्री की सुंदरता गहना है मगर उस सुंदरता का उपयोग जब मूर्खता के लिए होता है, ग़लत निमित्त बनने के लिए होता है तो लोग अपने साथ-साथ औरों की भी हानि करते हैं।

दसवाँ महावाक्य

पहरा दो, प्रार्थना करो।

'पहरा दो, प्रार्थना करो', इस महावाक्य का अर्थ है, जागरूक रहते हुए प्रार्थना करना। पहरेदार का कार्य होता है होश में रहते हुए पहरा देना। इसी तरह इंसान को भी अपने होश को बढ़ाना चाहिए। होश के साथ-साथ प्रार्थना में यदि विश्वास की शक्ति जुड़ जाए तो इंसान पहाड़ों को भी हिला सकता है। परंतु इंसान प्रलोभनों से बच नहीं सकता क्योंकि इंसान के सामने हर

पल कोई न कोई नया प्रलोभन आता है जैसे : एक झूठ बोल दो, तो फलाँ चीज़ मिल जाएगी या ज़रा घुमा-फिराकर कहो तो सामनेवाला बात मान जाएगा या थोड़ी कुटिलता करो तो फलाँ सुविधा मिल जाएगी। आप देख सकते हैं कि माया कितनी तेज़ी से नए-नए लालच देती रहती है और ऐसे में इंसान अकसर ख़ुद को रोक नहीं पाता।

जैसे : इंसान तय करता है कि शाम को फलाँ काम पूरा करूँगा। लेकिन शाम होते ही टी.वी. पर नया प्रोग्राम शुरू हो गया। यह नया प्रोग्राम देखने के प्रलोभन में इंसान सोचता है,'ठीक है, काम तो कल पूरा हो जाएगा, वैसे भी कल करने के लिए कोई ज़्यादा काम तो है नहीं।' इससे आप समझ सकते हैं कि प्रलोभन कभी भी और कहीं से भी आ सकता है। इसीलिए जीज़स द्वारा कहा गया,'पहरा दो और प्रार्थना करो।'

यहाँ पहरा देने के लिए कहते हुए जीज़स उसी जागरूकता की ओर इशारा कर रहे हैं, जिसके लिए आपको ध्यान में बैठना पड़ता है। ध्यान करके आप इसी जागरूकता को बढ़ा रहे होते हैं। स्वयं से पूछें, 'मैं कौन हूँ और ये प्रलोभन मुझे क्यों आकर्षित करते हैं? अगर मैं ख़ुद को जान गया तो क्या ये प्रलोभन मुझे आकर्षित कर पाएँगे?' ये सवाल पूछते ही आप स्वयं तय कर लेंगे कि मैं कम से कम कुछ प्रयोग तो शुरू कर ही सकता हूँ। अगर इस तरह से शुरुआत की जाए तो आप जीज़स की उच्च शिक्षाओं को समझ पाएँगे और अपने जीवन में भी उतार पाएँगे।

ग्यारहवाँ महावाक्य

धन्य है वे लोग, जो धर्म के भूखे हैं क्योंकि वे ही तृप्त होंगे।

जीज़स कहते हैं,'ईश्वर और मैं एक ही हैं।' इसका अर्थ यह है कि सेल्फ़ से या तेजस्थान से कुछ बातें आ रही हैं और आपको उन्हें समझना है तथा अपने जीवन में लागू करना है। 'धन्य हैं वे लोग जो धर्म के भूखे हैं क्योंकि वे ही तृप्त होंगे।' यानी जिन लोगों के अंदर ये विचार आ गए,'मुझे हर हाल में यह जानना है कि मैं कौन हूँ? वे धर्म के भूखे लोग हैं।' इस विचार को अलग-अलग लोग अलग-अलग शब्दों में बताएँगे।

इंसान की कई सारी इच्छाएँ होती हैं, जैसे कि मुझे यह मिल जाए, वह मिल जाए, ऐसा हो जाए, वैसा हो जाए। उसे लगता है कि इन चीज़ों से तृप्ति मिल जाएगी लेकिन ऐसा नहीं हो पाता। अपना धर्म (स्वभाव) जानने के बाद ही सच्ची तृप्ति है।

'धन्य हैं वे लोग, जो धर्म के भूखे हैं और धन्य हैं वे लोग, जो मेल करवाते हैं।' यहाँ 'धन्य' शब्द का विशेष प्रयोग किया गया है। मेल करवाने का अर्थ है कि जिन दो लोगों में झगड़ा हुआ है, उनका झगड़ा निपटा दिया जाए या जो दो लोग एक-दूसरे से नाराज़ हैं, उनकी आपसी नाराज़गी दूर हो जाए। अर्थात उद्देश्य यह है कि लोग आपस में प्रेम से रहें। इसीलिए मेल करवानेवालों को धन्य कहा गया है। वरना इंसान की प्रवृत्ति तो झगड़े करने की होती है। वह कुछ भी करने से पहले यह देखता है कि इसमें मेरा क्या फ़ायदा होगा?'

जब दो लोग एक-दूसरे से नाराज़ होते हैं, तो इनमें बीच में बोलनेवाला वह होता है, जिसमें अहंकार नहीं होता। क्योंकि बाक़ी दोनों तो अहंकार के कारण ही नाराज़ हैं और इस समय ग़लत फ़ैसला ले रहे हैं। ऐसी स्थिति में बीच में बोलनेवाला इंसान अपने अहंकार को एक तरफ़ रख देता है यानी वह ख़ुद के लिए पूरा लाभ लेता है। इसीलिए कहते हैं,'धन्य है ऐसे लोग जो मेल करवाते हैं क्योंकि वे ईश्वर की संतान कहलाएँगे।'

जीज़स द्वारा कही गई हर पंक्ति में आपको देखना है कि वह आपको उच्च शिक्षाओं की तरफ़ ले जा रही है। आपके सामने ऐसी कई छोटी-छोटी बातें आएँगी। जैसे आपसे कहा जाए कि अपने कपड़ों को सुधारने की कोशिश मत करो क्योंकि कपड़ों को सुधारने से कुछ नहीं होगा।

यह आपको बहुत छोटी सी बात लगेगी। इसके बाद आपसे कहा जाएगा,'कपड़ों के बजाय अपने हृदय को सुधारो।' तब आपको महसूस होगा कि कपड़ों से जुड़ी छोटी सी बात भी सीधे हृदय तक पहुँचती है। अगर हृदय को सुधारना है तो क्षमा साधना के द्वारा प्रायश्चित्त करें वरना कपड़ों को सुधारने के बाद भी हृदय मैला ही रहेगा।

बारहवाँ महावाक्य

जो अंधेरे में कहा जाएगा,
वह रोशनी में सुना जाएगा।

जो बंद कमरे में कहा जाएगा,
वह छत (कोठों) पर प्रसारित होगा।

इस महावाक्य द्वारा जीज़स ने उन लोगों को जाग्रत किया जो पीठ-पीछे कानाफूसी करते हैं। इंसान का हर कर्म प्रसारित होता है, फलित होता है, बाहर आता है। छिपाकर किए गए कर्म इंसान के अंतर्मन में शर्म बनकर जीते हैं। वे बाहर आकर तकलीफ़ देते हैं। ऐसे कर्मों से मुक्ति के लिए कन्फ़ेशन, प्रायश्चित, क्षमा जैसे मार्ग बताए गए हैं।

अंतिम महावाक्य

तुम्हारी इच्छा पूर्ण हो... Thy will be done.

जीज़स के द्वारा ईश्वर को कही गई अंतिम पंक्ति थी, 'Thy will be done, तुम्हारी इच्छा पूर्ण हो।' उनकी पहली और आख़िरी पंक्ति का अर्थ समर्पण ही है। उन्हें सूली पर चढ़ाया जा रहा था लेकिन वहाँ पर भी वे कह रहे थे, 'तुम्हारी इच्छा पूर्ण हो' यानी वहाँ पर भी उनका ईश्वर के प्रति पूर्ण समर्पण था।

इंसान कहता है, 'मैं शिकायत कर रहा हूँ तो यह ग़लत है। इसका अर्थ मुझे स्वीकार नहीं है।' मगर वह यह समझे कि अगर तुम्हें स्वीकार नहीं हो रहा है तो किसकी इच्छा से स्वीकार नहीं हो रहा है, उसी (ईश्वर) की इच्छा है कि तुम्हें इस वक़्त यह स्वीकार न हो, इस वक़्त तुमसे शिकायतें निकलें।'

जो Thy will be done यानी ईश्वर की इच्छा जानता है, वह यह भी जानता है कि उसकी इच्छा से ही शिकायत हो रही है। यह लुप्त कड़ी है, छूटी हुई कड़ी है, मिसिंग लिंक है। लोग यह लुप्त कड़ी भूल गए, जिस वजह से उन्हें समर्पण का फ़ायदा मिलना बंद हो गया।

समझ यह हो कि अगर हम रो रहे हैं तो उसकी यानी ईश्वर की इच्छा है कि हमें रोना चाहिए इसलिए खुले दिल से रोएँ। हँस रहे हैं तो उसकी इच्छा से हँस रहे हैं इसलिए खुले दिल से हँसें। जहाँ यह समर्पण है, यह समझ है कि 'Thy will be done' उसके लिए होली और सूली एक ही बात है। यह छूटी हुई कड़ी सभी को समझ में आए वरना सभी यही कहते हैं,'आप शिकायत करते हैं, चिंता करते हैं यानी आपको स्वीकार नहीं हो रहा है,' चूँकि यह आधा-अधूरा ज्ञान है।

समर्पण ही एक ऐसा मार्ग है, जहाँ हमें कुछ नहीं करना पड़ता। उदाहरणतः कोई बच्चा जब यह कहता है,'मैं दौड़कर अपनी माँ को पकड़ सकता हूँ' और वह पकड़ लेता है तो आप जानते हैं कि माँ वैसा चाहती है इसलिए बच्चा उसे पकड़ पाता है। संकल्प करनेवाला इंसान यह नहीं जानता कि उससे संकल्प करवाया जा रहा है, वह ख़ुद कोई संकल्प नहीं कर सकता। उसमें इतनी ताक़त नहीं है मगर उस वक़्त उसे पता नहीं होता है। उस वक़्त उसे लगता है कि ये असल में दो मार्ग हैं। हम तो ख़ुद प्रयास करनेवाले हैं, ख़ुद ताक़त लगानेवाले हैं। मगर ख़ुद ताक़त भी लगा रहे हैं... तो यह उसकी (ईश्वर की) इच्छा है। यह देख पाते हैं तो उसकी इच्छा है। ज्ञान का फल खाते हैं तो उसकी इच्छा है। प्रभु की इच्छा के बिना कुछ भी नहीं होता, बस यही समझना है।

अन्य शिक्षाएँ

1. प्रभु का राज्य तुम्हारे अंदर (हृदय में) ही है। पहले उसे प्राप्त करो, उसके बाद बाक़ी सब अपने आप मिल जाएगा।
2. एक ही ईश्वर (पिता) पर विश्वास रखें तो मुक्ति प्राप्त होगी। इसके लिए सतत प्रार्थना अनिवार्य है ताकि मनुष्य पाप कर्म से बचा रहे। प्रार्थना ही इंसान को शांति व शुद्धि प्रदान करती है।
3. ईश्वर को अपने दिल-दिमाग़, मन-शरीर से पूरी ताक़त से प्रेम करो। ईश्वर प्रेम इंसानों द्वारा अभिव्यक्त होता है।

4. अपने विश्वास पर विश्वास रखो, इससे तुम पहाड़ों को भी उनकी जगह से हटा सकते हो।

5. सुनहरा नियम – 'अपने पड़ोसी से वैसे ही व्यवहार करो, जैसा तुम चाहते हो, वे तुमसे करें।'

6. शत्रु से प्रेम करो। उनके श्रापों के उत्तर में उनके प्रति प्रार्थना करो।

7. बदला लेने की मत सोचो, यदि कोई एक गाल पर थप्पड़ मारे तो अपना दूसरा गाल भी आगे कर दो ताकि वह स्वयं के लिए पूर्ण संतोष प्राप्त कर ले।

8. तुम अपने भाई की आँख में तिनके (अवगुण) क्यों देखते हो? क्या तुम्हें अपनी आँख में लट्ठा (लकड़ी का लट्ठा) नज़र नहीं आता?

9. दयावान इंसान अच्छे हैं क्योंकि उन्हें ईश्वरीय दया प्राप्त होगी।

10. सत्यवादी इंसान अच्छे हैं क्योंकि उन्हें ईश्वर प्राप्त होगा।

11. शिष्य गुरु से बड़ा नहीं होता। हाँ, मगर जो सिद्ध होगा यानी साधना में पक जाएगा, वह गुरु के समान होगा।

खण्ड 4

आत्मबली जीज़स और उनकी मृत्यु की भविष्यवाणी

16

बारह शिष्यों की तैयारी

जीज़स ने अपने शिष्यों से कहा,'धन्य हैं वे लोग, जो मेरे नाम की वजह से बुरे ठहराए जाएँगे, जिन्हें यातनाएँ सहनी पड़ेंगी और लोग झूठ बोलकर जिन्हें ग़लत सिद्ध करना चाहेंगे। अगर तुम्हारे साथ ऐसा होता है तो ख़ुश होना।' वरना अगर किसी को पता चले कि कोई इंसान उसे भला-बुरा कह रहा था तो उसे बुरा ही लगता है।

ऐसी पंक्ति कहकर दरअसल जीज़स अपने शिष्यों को आगे की घटनाओं के लिए तैयार कर रहे थे ताकि वे सत्य की राह पर चलें। लेकिन इसका अर्थ यह नहीं है कि यहाँ जीज़स ने 'मेरे' शब्द अपने शरीर के लिए कहा है। उन्होंने 'मेरे' शब्द 'सत्य की राह' के लिए कहा है। इसलिए जीज़स ने कहा,'आय एम द वे' यानी 'मैं ही वह रास्ता हूँ।' सत्य की राह पर चलते हुए अगर आपको बुरा-भला कहा जाएगा, झूठी बातों के लिए दोषी ठहराया जाएगा, आपकी सुख-सुविधाएँ छिन जाएँगी और ढेर सारी परेशानियाँ खड़ी हो जाएँगी। अगर आपके साथ ऐसा होता है तो आप धन्य हैं। यह ख़ुशीवाली बात है क्योंकि यह सब सत्य की वजह से हुआ। वरना इंसान के जीवन में छोटी-मोटी कठिनाइयाँ भी आती हैं तो इंसान परेशान हो जाता है और सत्य को छोड़ने की बात सोच लेता है।

जैसे कोई ऑफ़िस में काम करनेवाला कर्मचारी है। उसका बॉस उसके बारे में बोलता है,'यह सत्संग में जाता है इसलिए यह तिकड़म और कपट नहीं कर पाएगा और कंपनी को ज़्यादा लाभ नहीं दे पाएगा।' इसी कारण से उसे प्रमोशन नहीं दिया जाता। ऐसे में उस कर्मचारी को ख़ुश होना चाहिए

क्योंकि ऐसा सत्य की वजह से हुआ। इसके विपरीत यदि वह इंसान प्रमोशन न मिलने पर नाराज़ हो जाता है तो वह सत्य से ज़्यादा पैसे को अहमियत देने की ग़लती कर बैठता है।

अज्ञान में वह सोचता है, 'सत्संग की वजह से मेरा नुक़सान हो रहा है इसलिए अब मैं इसमें जाऊँगा ही नहीं।' फिर वह सत्संग की सारी पुस्तकें बंद करके रख देगा। ऐसा तभी होता है, जब इंसान की सत्य के रास्ते पर चलने की पूरी तैयारी नहीं होती।

इसीलिए जीज़स अपनी शिक्षाओं से अपने चुने हुए शिष्यों को तैयार कर रहे थे। वे जानते थे कि जब ये शिष्य बाहर की दुनिया में जाकर सत्य का प्रसार करेंगे तो इन्हें लोगों से भला-बुरा सुनना पड़ेगा और इनके सामने कई परेशानियाँ आएँगी। ऐसे समय पर वे हमेशा सत्य का ही चुनाव करें, सत्य को ही अहमियत दे इसीलिए उनकी तैयारी ज़रूरी थी।

जीज़स ने इन शिष्यों को तैयार करने के लिए कई शिक्षाएँ दीं। आज लोग उन सबको मिला-जुलाकर पढ़ते हैं इसलिए समझ नहीं पाते कि इनमें से कौन सी शिक्षा हमारे लिए है और वह उच्च शिक्षा कौन सी है, जो आज के समय में सूली पर चढ़ाई जा रही है। आपको उस उच्च शिक्षा की सूली की गाँठ खोलनी है और उसे अपने जीवन में अभिव्यक्त करना है।

जीज़स ने पहाड़ पर जो सरमन दी यानी जो गुड न्यूज़ दी, वह एक संदेश था, जो इस तरह शुरू होता है, 'धन्य हैं वे लोग जो दीन हैं क्योंकि उन्हीं का नक़ली "मैं" दूर होगा... धन्य हैं वे लोग जो दयावान हैं क्योंकि उन्हीं पर दया होगी...।'

यानी जो क्षमा कर पाएँगे, वे ही क्षमा किए जाएँगे। जैसे अगर आप मंदिर में जा रहे हैं, जहाँ यज्ञ और हवन इत्यादि होना है और अचानक आपको याद आए, 'आज सुबह मेरा अपने भाई से ज़ोरदार झगड़ा हुआ था, जिसमें ग़लती मेरी भी थी।' तो सबसे पहले जाकर उससे माफ़ी माँग लें वरना आपका यज्ञ और हवन सफल नहीं होगा, आपकी पूजा सफल नहीं होगी क्योंकि क्षमा माँगना इससे अधिक महत्त्वपूर्ण है।

जीज़स जानते थे कि कुछ समय के बाद यह शरीर नहीं रहेगा इसलिए वे अपने शिष्यों से कह रहे थे,'तुम पृथ्वी के नमक हो, इस शरीर को खोने के बाद तुम अपना असली स्वाद मत खो देना क्योंकि तुमने अपना स्वाद खो दिया तो फिर अन्य कोई भी चीज़ तुम्हें नमकीन नहीं बना सकती। एक बार जो अपना स्वाद खो देता है, वह मिट्टी बन जाता है, लोगों के पैरों तले कुचला जाता है, लोग उस पर चल रहे होते हैं।'

दरअसल यह जीज़स की ओर से उन लोगों को एक इशारा था, जो आगे कार्य करने और सेवाओं में जुड़ने जा रहे थे ताकि वे इस बात को याद रख पाएँ। इस तरह उन्होंने अलग-अलग गाँवों में जाकर लोगों को शिक्षाएँ दी। जब भी उनके सामने नए लोग आते तो वे मूल (बेसिक) शिक्षाएँ ही देते थे क्योंकि लोग वही सुनना चाहते थे। वही बातें उनके हिसाब से उस वक़्त के लिए ज़रूरी थीं।

जीज़स लोगों को कहते हैं,'अगर तुम अपने भाई को सलाम करते हो, तो इसमें कौन सी बड़ी बात है? क्या जो टैक्स कलेक्टर टैक्स लेने के लिए आता है, वह ऐसा नहीं करता? वह भी तो अपने भाइयों को सलाम करता है।' इससे उनके कहने का अर्थ यह है,'जब कोई आपको सलाम नहीं करता लेकिन फिर भी आप उसे सलाम करते हैं तो यह बड़ी बात है। वरना जो आपको सलाम कर रहा है, उसे सलाम करने में कोई बड़ी बात नहीं है।'

जैसे : कोई आपको प्रणाम करता है तो आप भी उसे प्रणाम करते हैं तो यह सामान्य अभिवादन है लेकिन जब कोई आपको प्रणाम नहीं करता, फिर भी आप उसे प्रणाम करते हैं तो यह बड़ी बात है। इससे आप समझ सकते हैं कि छोटी से छोटी शिक्षाएँ भी आपके कितने काम आ सकती हैं। आपके अहंकार को गिरा सकती हैं।

इंसान हमेशा इस बात में अटका रहता है, 'पहले सामनेवाला मुझे नमस्ते कहे, फिर मैं कहूँगा।' यानी पहल कोई और करे, फिर मैं करूँगा। ये दुनिया ऐसे लोगों से भरी पड़ी है क्योंकि ख़ुद पहल करना लोगों को असहज कर देता है। जबकि उनके लिए सबसे ज़्यादा ज़रूरी यही है कि

वे शुरुआत करें। ऐसी कई और शिक्षाएँ हैं, जो जीज़स ने अपनी मृत्यु से पहले लोगों को दीं।

जीज़स को पता था कि उनका कौन सा शिष्य उन्हें धोखा देनेवाला है और कैसे उन्हें मारा जाएगा। इसलिए उन्होंने अपने शिष्यों को और अन्य लोगों को शिक्षाएँ देकर आगे बढ़ने के लिए प्रेरित किया।

17

द लास्ट सपर

जीज़स की बढ़ती लोकप्रियता के साथ-साथ उनके विरोधियों की संख्या भी बढ़ती जा रही थी। जेरुशलम के बड़े पुजारी जीज़स की लोकप्रियता से खार खाए बैठे थे। वे उसी त्योहार के दौरान उन्हें क़ैद करके सलीब पर लटकाना चाहते थे मगर उन्हें डर था कि जीज़स के अनुयायी नाराज़ होकर कुछ बड़ा हंगामा न खड़ा कर दें इसलिए त्योहार के दौरान उन्होंने ऐसी कोई कार्रवाई नहीं की। जीज़स के बारह शिष्यों में से एक शिष्य था जुड़ास, जो बड़े पुजारियों के षड्यंत्र से परिचित था कि जीज़स के विरोधी उनकी हत्या करना चाहते थे। जीज़स को उन पुजारियों के हवाले करने के लिए, जुड़ास बड़े पुजारियों से चाँदी के तीस सिक्के ले चुका था। इसका अर्थ ही जुड़ास ने अपनी वफ़ादारी तीस चाँदी के सिक्कों में बेचकर जीज़स को धोखा देने का निश्चय कर लिया था।

जेरुशलम में त्योहार के पहले दिन सभी शिष्यों ने जीज़स से पूछा, 'प्रभु! पहले दिन के भोजन की व्यवस्था कहाँ की जाए।' जीज़स ने पीटर और जॉन नामक शिष्यों से कहा, 'तुम लोग शहर में जाओ। ज्यों ही तुम शहर में पहुँचोगे तो तुम्हें जार में पानी लेकर जाता हुआ एक आदमी मिलेगा। जिस घर में वह जाए, उस घर के मालिक से मिलकर कहो कि गुरुदेव ने एक अतिथि गृह का प्रबंध करने के लिए कहा है। जहाँ पर वे त्योहार के पहले दिन का भोजन अपने अनुयायियों सहित कर सकें।'

पीटर और जॉन ने वैसा ही किया। वे उस मकान मालिक से मिले और अतिथि गृह में रात्रि के भोजन का आयोजन किया गया। जीज़स और

उनके बारह अनुयायी गुप्त रूप से वहाँ भोजन कर रहे थे। भोजन करते समय जीज़स ने कहा, 'मैं तुम लोगों के सामने एक सच्चाई प्रकट करना चाहता हूँ कि हमारे बारह शिष्यों में से एक हमें धोखा देनेवाला है।'

इससे उनके अनुयायियों को एक धक्का लगा और वे बारी-बारी से कहने लगे, 'वे धोखा देनेवाले नहीं है।' जुड़ास ने भी कहा, 'निश्चय ही मैं भी धोखा नहीं दूँगा।' लेकिन जीज़स को उसके षड्यंत्र का पता था। जब सारे शिष्य भोजन कर रहे थे तब जीज़स ने एक रोटी ली और ईश्वर को धन्यवाद देकर उस रोटी के टुकड़े-टुकड़े करके अपने शिष्यों को देते हुए कहा, 'यह मेरा शरीर है, आप सभी इसके साथ भोजन करो।'

इसके बाद जीज़स ने ब्रेड तश्तरी में डुबोई और जुड़ास को दे दिया। बाद में जीज़स ने एक प्याला लेकर ईश्वर को धन्यवाद दिया और अपने शिष्यों से कहा, 'तुम सब इस कप से मेरे इकरार का रक्तपान करो। यह कप अनेक लोगों द्वारा क्षमा प्रदान करने के लिए भरा जाता है, जिससे पापों से मुक्ति मिले। मैं इससे अभी फलों का रस नहीं पीऊँगा और उस दिन की प्रतीक्षा करूँगा जब ईश्वर के राज्य में जाकर पुनः फलों का रस पी सकूँ।' फिर जुड़ास की तरफ़ मुड़कर जीज़स ने कहा, 'जो भी योजना तुमने बनाई है, उसे शीघ्रातिशीघ्र कार्यरूप में साकार करो।' अन्य शिष्य कुछ भी नहीं समझ सके कि जीज़स के कहने का अभिप्राय क्या था, सिर्फ़ जुड़ास समझ गया कि जीज़स क्या कर रहे थे। उसने रोटी का टुकड़ा लिया और अँधेरे का फ़ायदा उठाते हुए वहाँ से जल्दी चला गया।

इसके बाद जीज़स ने अपने शिष्यों से कहा, 'आज की रात ही मेरे सभी शिष्य मुझे छोड़ देंगे।' इस बात पर पीटर को बहुत आघात लगा और उसने कहा, 'प्रभु! भले सभी लोग आपसे अलग हो जाएँ लेकिन मैं हमेशा आपके साथ रहूँगा इस बात के लिए आप मेरा विश्वास कर सकते हैं।' जीज़स के सभी दूसरे अनुयायियों ने भी ऐसा ही विश्वास जताया किंतु जीज़स को वास्तविकता का ज्ञान था। जीज़स ने पीटर से कहा, 'सुबह मुर्गे की बाँग देने से पहले तुम मुझे तीन बार नकार दोगे।' उसके बाद जीज़स ने अपने शिष्यों को जागरूक रहकर निगरानी करने का आदेश दिया और

स्वयं प्रार्थना करने चले गए। प्रार्थना करके जीज़स वापस आए और हर बार अपने शिष्यों को सोया हुआ पाया।

धीरे-धीरे सभी शिष्यों पर नींद इतनी हावी होती गई कि वे अपना लक्ष्य भूलने लगे। जीज़स ने उन्हें बीच-बीच में कई बार उठाया लेकिन वे थोड़ी देर जागते और सो जाते। ऐसा कई बार हुआ। आख़िरकार जीज़स ने उन्हें जगाने की कोशिश बंद कर दी।

ज़रा इस घटना पर ग़ौर करें। सतही तौर पर देखें तो यह बहुत साधारण सी घटना लगती है लेकिन इसके पीछे बहुत गहरा अर्थ छिपा है। यह वह समय था, जब जीज़स को पकड़कर सूली पर चढ़ाया जानेवाला था। अगर उन सभी शिष्यों को मनन की आदत होती तो वे उस समय जीज़स से बहुत कुछ पूछ लेते, जिसका उन्हें ख़ूब लाभ मिलता लेकिन वे ऐसा नहीं कर पाए। इतने महत्त्वपूर्ण समय को भी शिष्यों ने गवाँ दिया क्योंकि उन पर नींद हावी हो गई थी। जीज़स ने शिष्यों को जगाते हुए कहा, 'अब समय आ गया है जब ईश्वर पुत्र को धोखा दिया जानेवाला है और तुम सब लोग सो रहे हो। चलो उठो, हमें धोखा देनेवाला आ रहा है।' जब जीज़स ने शिष्यों को जगाया तो उन्हें यह खला कि उन्हें नींद से उठाया जा रहा है। उन्होंने कहा, 'अधिकारी तो सुबह आएँगे, ठीक है फिर, थोड़ी नींद और ले लेते हैं।' लेकिन जीज़स बीच-बीच में आकर उठाते रहे कि देखो यह समय कितना मूल्यवान है। जिसे वाक़ई 100 प्रतिशत विश्वास होता है, उसे ही यह बात समझ में आती है। यह विश्वास भी धीरे-धीरे ही बढ़ता है।

इस घटना से समझें कि समय का महत्त्व कितना बड़ा है। इसलिए समय रहते ही अपने गुरु से भरपूर ज्ञान प्राप्त कर लें और उसे अपने जीवन का एक अंग बनाएँ। ख़ाली समय का उपयोग हमेशा ज्ञान अर्जित करने में करें।

18

जीज़स को क़ैद करना

जीज़स का शिष्य जुड़ास एक बड़े जन समुदाय के साथ तलवारों और शस्त्रों से सज्जित होकर आ रहा था। उसने लोगों को संकेत दिया था,'जिस व्यक्ति को मैं चूमूँगा वही नाज़रेथ का जीज़स है। उसे क़ैद कर लेना।'

जीज़स के पास आकर जुड़ास ने कहा,'गुरुदेव! अभिनंदन' और जीज़स को चूम लिया। जीज़स ने मंद स्वर में कहा,'तुम जिस काम के लिए यहाँ आए हो, उसे तुम अपनी योजना के अनुसार करो। तुम्हारी सिर्फ़ इतनी सी नासमझी है कि तुम ईश्वर के पुत्र के साथ धोखा कर रहे हो।' फिर मुख्य पादरी के लोगों ने आगे आकर जीज़स को क़ैदी बनाया। इसके बाद जीज़स के शिष्यों में रोष व्याप्त हो गया। पीटर ने तलवार से मुख्य पादरी के नौकर का कान काट दिया। वे लोग जीज़स से अनुमति माँग रहे थे कि वहाँ जीज़स की रिहाई ताक़त से करेंगे किंतु जीज़स ने इसकी अनुमति नहीं दी और पीटर को तलवार अंदर रखने का आदेश दिया।

फिर जीज़स ने मुख्य पादरियों, मंदिर के सुरक्षा कर्मचारियों और अन्य बुजुर्गों को संबोधित करके कहा,'मुझे क़ैद करने के लिए तलवार और हथियारों से सज्जित होकर इतने लोगों के आने की क्या आवश्यकता थी। मैं किसी विद्रोही संगठन का नेतृत्व तो कर नहीं रहा हूँ। इस मंदिर के अहाते में मैं आप लोगों के साथ निहत्था रहा हूँ और कुछ भी अनहोनी नहीं हुई है फिर इतने लोग और हथियारों की क्या ज़रूरत थी?'

जीज़स को क़ैद करने के बाद पीटर को छोड़कर, उनके सारे शिष्य वहाँ से भाग गए। पीटर जीज़स के पीछे ही जा रहा था।

जीज़स को मुख्य पादरी के पास ले जाया गया, जहाँ अनेक लोगों ने जीज़स के विरुद्ध झूठी गवाही दी। इसके बाद जीज़स से पूछा गया, 'तुम कहते हो कि तुम ईश्वर के पुत्र हो, बताओ क्या यह सही है?' इस पर जीज़स ने बस इतना कहा कि 'मैं हूँ' यानी "I am" इसके बाद उन्होंने एक भी शब्द नहीं जोड़ा और अपना वाक्य वहीं .खत्म कर दिया। वास्तव में यहाँ 'मैं हूँ (I am is)' का अर्थ था, 'अहा! अपने होने का एहसास।' जीज़स तो सबको ईश्वर की संतान कह रहे थे लेकिन लोग समझ ही नहीं पाए। उन्होंने तो बस यह समझा कि जीज़स जो भी कह रहे हैं, वह ग़लत है। इस तरह उन्होंने जीज़स पर ईश निंदा और देशद्रोह का आरोप लगा दिया।

उन्होंने जीज़स से यह भी कहा, 'तुम तो कहते हो कि मंदिर टूटकर तीन दिन में वापस बन सकता है।' जबकि यह बात तो जीज़स ने अपने शरीर के लिए कही थी कि वे तीसरे दिन फिर से ज़िंदा हो जाएँगे। जीज़स ने लोगों से पूछा था, 'क्या तुम इतनी ताक़त रखते हो कि मंदिर तीन दिन में वापस बना पाओ?' ऐसा कहकर वे नवनिर्माण की बात सोच रहे थे, लेकिन आरोप लगानेवालों को कुछ समझ में नहीं आया। वे तो बस जीज़स के जवाब सुनकर उन पर तमाम उलटे-सीधे आरोप लगाते गए। ऊपर से वे सवाल पूछते वक़्त यह कह रहे थे, 'तुम्हें सत्य बोलना पड़ेगा, सत्य बताओ, कुछ और मत बताओ, बस सत्य बताओ।' यानी जिन्होंने सत्य सुनने की तैयारी ही नहीं की थी, वे जीज़स से सत्य सुनना चाहते थे और जब सत्य बताया गया तो उन्हें समझ में नहीं आया।

ज़रा सोचें कि अगर वहाँ जीज़स ने कह दिया होता, 'सूअरों के सामने हीरे मत डालो क्योंकि वे उन्हें नष्ट कर देंगे' तो लोगों को कितना गुस्सा आया होता। इस बात का अर्थ यह था, 'सूअर और हीरे का कोई मेल नहीं है। ये शिक्षाएँ ऐसे लोगों को मत बताओ, जो अभी उन्हें ग्रहण करने के लिए तैयार नहीं हैं। उच्च ज्ञान देने से पहले लोगों की चेतना देखी जाए और लोग ज्ञान की बातों को समझ पाएँगे या नहीं, यह जाँच की जाए वरना अज्ञान में लोग उच्च ज्ञान को नष्ट कर देंगे।' जीज़स ने वहाँ ऐसी पंक्ति नहीं कही। लोग पूछ रहे थे कि सत्य क्या है लेकिन असल में वे अपने व्यवहार से उसी को नष्ट भी कर रहे थे। जबकि किसी-किसी को अंदर ही अंदर

यह एहसास भी हुआ कि जीज़स सत्य बता रहे हैं क्योंकि उनकी उपस्थिति का हर एक की चेतना पर असर तो हो ही रहा था। लेकिन इसके बावजूद उन्होंने कुछ नहीं कहा क्योंकि उन्हें डर था कि अगर वे जीज़स के पक्ष में बोलेंगे तो बाक़ी लोग नाराज़ हो सकते हैं। इस वजह से वे सत्य बोलने का चुनाव नहीं कर पाए।

कुछ लोगों की बातें सुनकर, उनके कार्य देखकर अंदर से यह भावना आती है कि यह इंसान ग़लत नहीं है लेकिन दूसरों को देखकर, उनकी बातें सुनकर भीड़ को विरोध करते देखकर इंसान उनके ग़लत प्रभाव में आ जाता है। जीज़स के खिलाफ़ विरोध करनेवालों की संख्या बलशाली थी। इसलिए जिन्हें उनकी बात समझ में आ रही थी, वे भी डर के कारण कुछ नहीं बोले। क्योंकि जब विरोध में अनेक लोग उपस्थित होते हैं तो डर होता है कि लोग नाराज़ हो जाएँगे और हमारे ऊपर भी पत्थर फेंकना शुरू कर देंगे। उस समय भी यही हुआ।

जब जीज़स को वहाँ से लेकर जा रहे थे तब उनके दोनों हाथ भी बाँध दिए गए थे। कुछ लोगों ने उन पर थूका और उनका मज़ाक उड़ाया तथा उन्हें तमाचा मारकर पूछा, 'भविष्य बतानेवाले! बताओ तुम्हें किसने तमाचा मारा ?' वहाँ उपस्थित हुक्मरानों ने जीज़स को नकार दिया और उन्हें मृत्युदण्ड के योग्य घोषित कर दिया।

इसके बाद जीज़स की भविष्यवाणी के अनुसार उनके शिष्य पीटर ने जीज़स के साथ अपने किसी तरह के संबंध का तीन बार इनकार किया।

जुड़ास के बारे में ऐसा कहा जाता है कि उसे स्थिति की गंभीरता महसूस हुई तथा अपने किए पर बहुत पछतावा भी हुआ। इसलिए उसने मुख्य पादरी के पास जाकर तीस चाँदी के सिक्के फेंके और आत्महत्या कर ली। लोगों का मानना है कि उसने स्वयं को पेड़ से लटकाकर अपनी जान दे दी।

जीज़स को बाँधकर गवर्नर पिलेट को सौंप दिया गया। पिलेट ने जीज़स से जिरह (तहक़ीक़ात) की, उसने जीज़स से पूछा, 'क्या तुम यहूदियों के राजा हो?' इस पर जीज़स ने कहा, 'ऐसा आप ही कह रहे हो।'

फिर पिलेट ने जीज़स से पूछा,'कई लोगों ने तुम्हारे खिलाफ़ गवाही दी है, क्या इस पर तुम्हें कुछ कहना है?' जीज़स ने पिलेट के सवाल का जवाब नहीं दिया, वे मौन रहे। जीज़स को मृत्युदण्ड देने का कोई औचित्य गवर्नर पिलेट को नहीं मिला किंतु वहाँ उपस्थित ऐसी भीड़ भी थी जो ग़लतफ़हमी का शिकार थी और जीज़स के विरोध में थी, उन्हें मृत्युदण्ड ही दिलवाना चाहती थी।

उस समय की प्रथा थी कि भीड़ द्वारा चुने गए क़ैदी को गवर्नर क्षमादान कर देता था। जीज़स के साथ एक भयानक जुर्म का क़ैदी बरब्बास भी जेल में था। गवर्नर ने लोगों से पूछा,'बरब्बास को छोड़ दिया जाए या जीज़स को,' तो जीज़स के विरोधियों ने बरब्बास को छोड़ने के लिए कहा। अतः जीज़स का मृत्युदण्ड बरकरार रहा।

इसके पहले जीज़स के समर्थकों ने उनके क़ैद होने के बाद जीज़स से कुछ चमत्कार दिखाने का आग्रह किया था मगर जीज़स ने कुछ भी चमत्कार नहीं दिखाया क्योंकि सलीब पर लटकाए जाने के बाद वे पुनर्जीवित होकर महाचमत्कार दिखानेवाले थे। मगर ये बात लोगों को नहीं मालूम थी।

इतिहास में ऐसा कई बार हुआ, जब किसी महान आत्मा ने अवतरित होकर कुरीतियों के खिलाफ़ आवाज़ उठाई और भ्रष्ट लोगों को चुनौती दी। हर धर्म में ऐसे कई महान लोग हुए हैं। लेकिन उनमें से अधिकतर को लोगों का विरोध झेलना पड़ा। जैसे मुगल बादशाह औरंगजेब के ज़माने में कई लोगों को काफ़िर कहकर सूली पर लटका दिया गया।

उस समय के भ्रष्ट, बेईमान और अधर्मी लोगों ने जिसे अपने रास्ते से हटाना चाहा, उसके खिलाफ़ यह आरोप लगा दिया,'यह अल्लाह के खिलाफ़ बोल रहा है। इसे सज़ा देनी चाहिए क्योंकि यह काफ़िर है।' जबकि वास्तविकता यह है कि ऐसे लोगों को खुद ही नहीं मालूम था कि कौन काफ़िर है और कौन अल्लाह का बंदा है। उनसे कोई पूछता कि 'तुम्हें कुछ पता भी है या बिना जाने-समझे किसी को भी काफ़िर साबित कर दोगे? असल में तुमसे बड़ा काफ़िर कौन है? तुम सत्य से पूछ रहे हो

सत्य क्या है? तुम्हें सामने होते हुए भी सत्य नहीं दिख रहा है तो समझ में कैसे आएगा?'

कई सिख गुरुओं के साथ भी यही हुआ। उनसे सिर्फ़ एक-दो सवाल पूछे गए और उनके जवाबों के आधार पर काफ़िर बताकर उन्हें मार दिया गया।

जब सत्य और सुरक्षा के बीच में चुनाव करना हो तो ज़्यादातर लोग सुरक्षा का चुनाव करते हैं। इसी तरह लाभ और सत्य के बीच चुनाव करना हो तो लोग लाभ का चुनाव करते हैं। जैसे : जीज़स के शिष्य जुड़ास ने जीज़स यानी उच्च चेतना के बदले में 30 चाँदी के सिक्के यानी माया के लाभ का चुनाव किया। आजकल लोग धर्म के मामले में भी कुछ ऐसा ही करते हैं। उन्हें लगता है, 'फलाँ पार्टी को वोट देंगे तो हम सुरक्षित रहेंगे क्योंकि वह पार्टी हमारे लिए सही है।' ऐसा इसीलिए होता है क्योंकि लोग अपनी सुरक्षा से ज़्यादा आगे कुछ सोच ही नहीं पाते और यह नहीं देख पाते कि वह पार्टी सचमुच सत्य से संबंधित है या नहीं।

लेकिन जेरुशलम में लोग इस बात को समझ पा रहे थे, वे अपनी सुरक्षा के पार देख पा रहे थे और उन पर जीज़स की बातों का असर हो रहा था। हालाँकि वे समझ पाने के बाद भी चुनाव नहीं कर पाए, निर्णय नहीं ले पाए क्योंकि निर्णय लेने के लिए गहराई और दृढ़ता चाहिए। बिना दृढ़ता के ऐसे निर्णय नहीं लिए जा सकते, जिनमें खुद को भी ख़तरा हो। वैसी दृढ़ता वहाँ किसी के पास नहीं थी और समय कम होने के कारण किसी में वैसी दृढ़ता जगाना संभव नहीं था। फ़ैसला अब वहाँ के अधिकारियों के पक्ष में दिया गया और जीज़स को सूली पर चढ़ाने की सज़ा सुनाई गई।

जीज़स ने भी सभी को अपने शरीरहत्या के पाप से मुक्त करते हुए कहा, 'हे परमपिता, इन्हें माफ़ कर दो, इन्हें मालूम नहीं है कि ये क्या कर रहे हैं।' जीज़स की ऐसी उच्च बातों को जीज़स बनकर ही समझा जा सकता है। वरना एक इंसान छोटी सी ग़लती के लिए भी सामनेवाले को माफ़ नहीं कर पाता। किसी को माफ़ करने के लिए भी इंसान में उच्च चेतना और समझ चाहिए।

19

अंतिम समय पर किए गए इशारे

इंसान जिस चेतना से व्यवहार करता है, उसका महत्त्व सबसे अधिक होता है। आपने देखा होगा कि हर बार एक जैसे कर्म का एक जैसा परिणाम नहीं आता। उदाहरण के लिए कोई इंसान पत्थर को या पेड़ को थप्पड़ मारे तो परिणाम के तौर पर उस इंसान को वापस थप्पड़ नहीं खाना पड़ेगा। लेकिन अगर कोई इंसान अपने देश के प्रेसिडेंट को थप्पड़ मार दें तो उसे उसका परिणाम भुगतना पड़ेगा। नकारात्मक व्यवहार के मामले में यह बात विशेष रूप से सच साबित होती है।

जब आपका संपर्क ईश्वर के साथ होने लगता है तो आपको समझ में आने लगता है कि हमारा हर कर्म उसके साथ हो रहा है, हम उसी को ही दे रहे हैं और उसी से ही ले रहे हैं। फिर हमें कई गुना परिणाम और कई गुना आनंद मिलता है। जीज़स देख रहे थे कि लोग नकारात्मक कर्म कर रहे हैं और उन पर इसका कितना असर होनेवाला है। उन्हें यह भी पता था कि जो लोग सिर्फ़ देख रहे हैं, जो ग़लत कर्म नहीं कर रहे हैं, उन पर क्या असर होनेवाला है।

जब उन्हें सूली पर चढ़ाया जा रहा था, तब उस समय वहाँ मौजूद कई औरतें रो रही थीं, वे लोग शोक कर रहे थे, जो जीज़स के पक्ष में थे। उन्हें देखकर जीज़स ने कहा,'रोना है तो अपने लिए रोओ, मेरे लिए मत रोओ।' इससे वे यह इशारा कर रहे थे कि यहाँ अपनी चिंता करो कि हम

ऐसे निम्न चेतना के लोगों से कैसे बचेंगे? हम कैसे सजग रह पाएँगे? साथ ही मनन करो कि हम कौन से कर्मकाण्डों में फँसा हुए हैं?' जीज़स देख रहे थे कि बिना समझ के आम लोग, इन्हीं धर्म के ठेकेदारों/अधिकारियों के पास मार्गदर्शन लेने जाएँगे, जो जीज़स को सूली पर चढ़ा रहे हैं। इसलिए जीज़स ने लोगों को सजग होने का इशारा किया।

उन्होंने कहा,'**हरे पेड़ के साथ ऐसा हो रहा है तो सूखे पेड़ के साथ क्या होगा?**' इसका अर्थ यह था कि जीज़स जहाँ चेतना उच्च स्तर पर है और उनके पास उच्च दृष्टिकोण है। अगर उनके साथ ऐसा हो सकता है तो सोचें कि आपके साथ क्या होगा। इस पंक्ति में जीज़स ख़ुद को हरा पेड़ बताकर यह नहीं कह रहे हैं कि वे कितने महान हैं। वे तो लोगों को यह एहसास दिला रहे थे,'अगर उच्च चेतना के साथ यह हो सकता है तो तुम्हारे साथ क्या हो सकता है इसलिए अगर बचना चाहते हो तो कार्य शुरू कर दो, निम्न चेतनावालों से दूर होने के लिए कुछ करो।' जिन लोगों ने जीज़स की बात को समझा, उन्होंने अपने जीवन में परिवर्तन लाना शुरू किया।

उस समय के समाज में कई गड़बड़ियाँ थीं। यूनानी व्यापारी रोम के अधिकारियों के साथ मिलकर लूट मचाए हुए थे और पंडित-पुरोहित कर्मकाण्डों को महिमा-मंडित करके अपना उल्लू सीधा कर रहे थे। लेकिन लोगों को यह समझ में नहीं आ रहा था कि वे कर्मकाण्ड में फँसे हुए हैं। उन्हें तो यही लग रहा था कि इससे ईश्वर ख़ुश होंगे। लेकिन जीज़स को साफ़ नज़र आ रहा था कि इन लोगों में समझ की कितनी कमी है। आप समझ सकते हैं कि जब जीज़स के शरीर के साथ मुक्ति की संभावना है तो बाक़ियों के साथ भी हो सकती थी लेकिन बाक़ी लोगों ने अपनी संभावना को पहचाना ही नहीं।

जीज़स ने कहा था,'**धन्य हैं वे स्त्रियाँ जो बाँझ हैं या जो बच्चे पैदा नहीं करेंगी।**' ऐसी पंक्ति सुनकर आपको लग सकता है कि कहीं वे श्राप तो नहीं दे रहे थे? लेकिन ऐसा नहीं था। दरअसल, उनके बताने का ढंग एक उदाहरण बताने जैसा था। उनकी नीति कथाओं जैसी बातों में कई संदेश छिपे होते थे।

उनकी बात का अर्थ यह था कि जिन औरतों को बच्चे नहीं होंगे, वे उतना दु:ख नहीं भोगेंगी, जितना उस माँ को होगा, जो अपने बच्चों को मरते हुए या गुलाम बनते हुए देखेंगी। क्योंकि जो लोग जीज़स के शरीर के साथ ऐसा कर सकते हैं, वे बाक़ी लोगों के साथ क्या नहीं कर सकते।

इसी तरह कृष्ण ने भी अर्जुन से कहा था,'इस ग़लतफ़हमी में मत रहना कि तुम मेरे सखा हो इसलिए मैं तुम्हारी तरफ़ से लड़ रहा हूँ।' कृष्ण ने अर्जुन का साथ इसलिए दिया क्योंकि वे जानते थे कि दुर्योधन के राज्य में स्त्रियाँ सुरक्षित नहीं हैं। अगर द्रौपदी के साथ चीरहरण हो सकता है तो किसी भी स्त्री के साथ हो सकता है। कृष्ण अर्जुन के नहीं बल्कि धर्म के पक्ष में थे इसलिए दुर्योधन के खिलाफ़ हो गए।

दरअसल जब तक आप ऐसी पंक्तियों के पीछे छिपे अर्थ को नहीं समझेंगे, तब तक असली बात को पकड़ ही नहीं पाएँगे। आपको लगेगा कि वे श्राप दे रहे हैं, जबकि वे तो यह संकेत दे रहे हैं,'तुम अभी से तैयारी करो।' जो समझदार होते हैं और इशारे समझते हैं वे अपना काम करना शुरू कर देते हैं।

जब जीज़स को सूली पर चढ़ाने के लिए ले जाया जा रहा था तो कुछ लोग उन पर थूक रहे थे, कुछ गालियाँ दे रहे थे। इस पर उन्होंने कहा,'**नफ़रत करनी ही है तो पाप से करो, पापी से नहीं।**' जबकि जीज़स के जीवन में तो पाप भी नहीं है लेकिन लोग तो यही भाषा समझते हैं इसलिए उन्होंने इस तरह का वाक्य कहा।

उनकी बात का अर्थ यह था कि चेतना गिराकर जो पाप किया जा रहा है, उस पाप से नफ़रत करो। यहाँ नफ़रत करने का अर्थ है, उससे दूर हो जाना। हम जिससे नफ़रत करते हैं, उससे दूर हो जाते हैं। पाप से नफ़रत करने को कहकर जीज़स ने यही संदेश दिया कि पाप से दूर हो जाओ। जब जीज़स यह संदेश दे रहे थे तो कुछ लोग अपनी भड़ास निकालने के लिए उन्हें चोट पहुँचाने की कोशिश कर रहे थे और बार-बार पूछ रहे थे,'तुम तो बड़ी भविष्यवाणियाँ करते हो ना तो बताओ कि तुम्हें कौन मारेगा।'

लोग उनके साथ इस तरह अत्याचार कर रहे थे लेकिन फिर भी जीज़स ने कोई चमत्कार नहीं किया। क्योंकि वे देख रहे थे कि लोगों के इस व्यवहार के पीछे कैसी निम्न चेतना काम कर रही है। इसलिए उन्होंने अपना निर्णय नहीं बदला और कोई चमत्कार न करके भी बहुत बड़ा चमत्कार कर दिखाया।

जीज़स की चेतना इतनी उच्च थी कि उन्होंने सलीब (सूली) पर चढ़ाए जाते समय भी लोगों को इशारे दिए। चूँकि इशारे प्रत्यक्ष रूप से नहीं दिए जाते इसलिए समय के साथ उनका अर्थ खो जाता है। फिर लोग उसका सतही अर्थ निकालकर ऐसी चर्चाओं में उलझे रहते हैं, 'जीज़स ने यह कहा, वह क्यों कहा।' जीज़स ने उस समय जो बातें कहीं थीं, वे आज भी लागू हो रही हैं। आपको जीज़स के बताए अनुसार यह मनन करना चाहिए, 'मैं कहाँ उलझा हुआ हूँ, मैं कहाँ असुरक्षित हूँ, मुझे अपने लिए कहाँ व्यवस्था करनी है, असली मैं कौन हूँ और वह असली मैं कब फँसता है?' इस प्रकार से मनन करके ही आप इन सब चीज़ों का पूरा लाभ ले पाएँगे।

20

आत्मबल का मसीहा

मज़बूत आत्मबल से निर्णय अटल रहते हैं। आत्मबल की परीक्षा भी होती है। एक शहर में तीन बड़े जादूगर रहते थे। पहले का नाम था जादूगर 'ए', उसकी उम्र 55 साल थी। दूसरे का नाम था जादूगर 'बी' और उसकी उम्र 44 साल थी। तीसरे का नाम था जादूगर 'सी' और उसकी उम्र 33 साल थी। एक बार इन तीनों को ईश्वर द्वारा एक महत्त्वपूर्ण काम सौंपा गया। इन्हें तीन अलग-अलग गाँवों में भेज दिया गया। उन्हें कहा गया,'आप फलाँ गाँव में जाएँ और अपने जादू से लोगों के अंदर विश्वास जगाएँ। आपके हर जादू के साथ लोगों के अंदर चमत्कार का बीज बो दिया जाएगा। यह ऐसा बीज होगा, जिसके अंकुरित होने पर वे लोग ख़ुद जादूगर बन जाएँगे।'

साथ ही उन्हें यह आदेश भी दिया गया कि आपको केवल 100 लोगों के अंदर ही यह बीज बोना है। जैसे ही यह नंबर समाप्त हो जाए, आपको अपना जादू रोक देना है। उसके बाद आपको एक भी जादू (शक्ति प्रयोग) नहीं करना है।

ये आदेश लेकर तीनों जादूगर अलग-अलग गाँव में गए। वहाँ उन्होंने जादू दिखाना शुरू किया। उन्होंने अपना कार्य बख़ूबी किया। देखते ही देखते वे अपने लक्ष्य तक पहुँच गए। हर एक ने अपने गाँव में 100 लोगों के अंदर जादू का बीज बो दिया।

जिस दिन यह लक्ष्य पूरा हुआ, उस दिन जादूगर 'ए' अपने घर पहुँचा और चैन की नींद सोने लगा। अचानक उसकी आँख खुली और उसने देखा कि उसके घर में आग लग गई है। उसे बाहर निकलने का कोई रास्ता नज़र नहीं आया इसलिए उसने अपने जादू का इस्तेमाल किया और अपनी जान बचा ली।

उसी दिन जादूगर 'बी' के साथ भी कुछ ऐसी ही घटना घटी। उसके गाँव में अचानक बाढ़ आ गई। सभी जगह तूफ़ान चलने लगे। उसका घर डूबने लगा। यह सब देखकर उसने भी अपने जादू का इस्तेमाल कर ख़ुद को बचा लिया।

ये दोनों जब अपना कार्य समाप्त करके ईश्वर के पास पहुँचे तो उनसे पूछा गया,'आदेश के विरुद्ध जाकर तुमने जादू (शक्ति प्रयोग) क्यों किया?' तब उन्होंने अपनी परिस्थिति बयान करते हुए कहा,'हम क्या करते, घटनाएँ ही कुछ ऐसी हो गईं, परिस्थितियाँ बिगड़ गईं। हमारे पास शक्ति प्रयोग के अलावा और कोई चारा नहीं था।'

उपरोक्त दोनों जादूगरों में आत्मबल की कमी थी। ऐसा न समझें कि इंसान पचपन का हो गया तो उसका आत्मबल बड़ा होगा। इंसान चाहे पचपन का हो पर आत्मबल बचपन जैसा ही रहता है।

बच्चों को दो चॉकलेट दिखाकर यदि कहा जाए कि तुम्हें ये दोनों चॉकलेट कल दिए जाएँगे या तुम आज खाना चाहो तो एक चॉकलेट मिलेगा। चुनाव तुम्हारे हाथ में है। तो बच्चा कहेगा,'एक आज दे दो। कल तक कौन इंतज़ार करेगा।' इस तरह बड़ों का आत्मबल भी बच्चों की तरह कमज़ोर हो सकता है।

कहानी में आगे तीसरे 33 साल के जादूगर 'सी' के साथ भी कुछ अनहोनी घटनाएँ घटीं। वह जैसे ही घर पहुँचा, उसने देखा कि नीचे की ज़मीन फट गई। वह अंदर फँस गया। उसके घर पर पत्थर गिरने लगे। इतना सब देखकर भी उसने जादू नहीं

किया, ईश्वर के आदेश का पालन किया। जादू न करके, उसने अपने आत्मबल के जादू का प्रदर्शन किया। कुछ घंटों में सब कुछ शांत हो गया और वह सही सलामत बाहर आ गया।

कहानी में बताया गया 33 साल का जादूगर 'सी', क्राइस्ट यानी जीज़स का प्रतीक है। जीज़स के सामने भी स्वयं को मृत्यु से बचाने का मौका था, वे अपनी शक्ति का उपयोग कर ऐसा कर सकते थे। लेकिन उनका आत्मबल इतना मज़बूत था कि उनके निर्णय को कोई बदल न सका।

इंसान के जीवन में भी ऐसी कई घटनाएँ होती हैं, जहाँ उसके आत्मबल की परीक्षा ली जाती है। कई बार उसके सामने कुछ प्रलोभन लाए जाते हैं। उन्हें देखकर वह हिल जाता है और मना करने के बावजूद उन प्रलोभनों में उलझ जाता है। इसका अर्थ है कि उसे अपने आत्मबल बढ़ाने पर कार्य करने की आवश्यकता है।

एक इंसान जब किसी घर में जाता है तो लोगों के बीच वह अच्छा व्यवहार करता है। जैसे ही वह घर में अकेला रह जाता है तो वहाँ से चीज़ें चुराने लगता है। उसकी चोरी की प्रवृत्ति उभर आती है। इससे पता चलता है कि उस इंसान का आत्मबल कमज़ोर है। वह परिस्थिति अनुसार बदलता है।

जब लोगों को पता होता है कि वे झूठ बोलेंगे तो फँस जाएँगे तब वे सच बोलते हैं। परंतु जब उन्हें पता होता है कि उनका झूठ कोई पकड़ नहीं पाएगा तो वे झूठ पर झूठ बोलते हैं। ऐसे लोगों का आत्मबल कमज़ोर होता है। झूठ पकड़े जाने के डर से नहीं बल्कि आपको अपने निश्चय से काम करना चाहिए। इसके लिए आत्मबल की ज़रूरत है।

यदि कोई काम विश्व का एक इंसान कर सकता है तो उसे आप भी कर सकते हैं। विश्व में कई लोगों ने आत्मबल पाया है तो निश्चित ही आप भी उसे पा सकते हैं। बात केवल आपकी प्राथमिकता की है। यदि आप इसे प्राथमिकता दें तो आत्मबल आपका होगा।

जो इंसान वाक़ई आत्मबल पाना चाहता है, वह यह सोचे कि मैं पहले दो जादूगरों की जगह पर होता तो क्या करता? क्या मैं ख़ुद को जादू करने से रोक पाता? इस पर मनन करके जवाब ढूँढ़ें। जब इंसान को परीक्षा में डाल दिया जाता है तब ही उसके आत्मबल का पता चलता है। आपके पास ग़लत काम करने का मौक़ा है, जिसमें आपको कोई पकड़ नहीं सकता, यदि फिर भी आप वह ग़लत काम नहीं करते, अपना निर्णय नहीं बदलते तो समझें कि आप आत्मबल की परीक्षा में उत्तीर्ण हुए।

आत्मबल प्राप्त करने के बाद आपका जीवन सही मोड़ लेगा। फिर आप कोई भी लक्ष्य प्राप्त करने के काबिल बनेंगे। इसलिए पहले आत्मबल बढ़ाने का लक्ष्य रखें।

21

सूली पर आत्मबल का प्रदर्शन

जब जीज़स को सूली पर चढ़ाया जा रहा था तो वहाँ मौजूद लोग सोच रहे थे कि थोड़ी ही देर में जीज़स कोई चमत्कार दिखाएँगे और सूली से उतर जाएँगे लेकिन ऐसा नहीं हुआ। लोग जिस चमत्कार की उम्मीद लगाए बैठे थे, वह नहीं हुआ इसलिए वे किसी और चमत्कार को भी देख और समझ नहीं पाए। जीज़स के चमत्कार न करने से एक अलग ही चमत्कार हुआ। लोगों की नज़र में वे जो चमत्कार कर सकते थे, वह उन्होंने अपना उद्देश्य पूरा करने के लिए नहीं किया। जीज़स ने लोगों को यह शिक्षा भी दी, 'शक्ति का इस्तेमाल कभी भी अपने लक्ष्य के खिलाफ़ नहीं करना चाहिए।' वे जानते थे कि एक बीज को फिर से जीवित होने के लिए ज़मीन में मरना पड़ता है और **जीवन को खोकर ही जीवन प्राप्त किया जा सकता है।**

लोग मानते हैं कि सूली पर चढ़ाए जाते समय जीज़स ने चमत्कार नहीं किया। लेकिन सवाल यह है कि असली चमत्कार किसे कहा जाए - जब ईश्वर इंसान की इच्छा पूरी करे, वह चमत्कार है या जब इंसान ईश्वर की इच्छा पूरी करे, वह चमत्कार है? वास्तव में ईश्वर तो इंसान की इच्छा पूरी कर ही रहा है। जिस इंसान को अपना जीवन लक्ष्य पता चल जाता है, उसकी चेतना इतनी ऊँचाई पर उठ जाती है कि वह कहता है, 'जो पिताजी की इच्छा है, वह पूरी हो। शरीर सूली पर टँगा है तो ऐसा पिताजी की इच्छा के बगैर नहीं हो सकता इसलिए उनकी इच्छा पूरी हो, दाय विल बी डन।' यही आत्मबल का असली चमत्कार है, जिसे जीज़स ने दिखाया परंतु लोग उसे समझ नहीं पाए। यह कितनी गहरी समझ है, जो सभी में होनी चाहिए।

चमत्कार देखनेवाली आँखें खो गई हैं

हर बालक के पास चमत्कार को देख सकनेवाली आँखें होती हैं। लेकिन आज हमने वे आँखें खो दी हैं क्योंकि अब हम बच्चे नहीं रहे। जैसे-जैसे उम्र बढ़ती है, वैसे-वैसे क्या हमें कोई चीज़ चमत्कार लगती है? नहीं लगती। जब हम छोटे थे, उस वक़्त एक चींटी भी जा रही होती थी तो हम उसके पीछे-पीछे जाते थे, यह जानने के लिए कि वह कहाँ से खाना ला रही है? कहाँ जा रही है? रास्ते में दूसरी चींटी के मिलने पर आपस में दोनों क्या बातें करती होंगी? एक चींटी को भी भूख लगती है तो क्या उसके अंदर भी जीवन है? क्या वह भी साँस लेती है? इत्यादि। बचपन में ये सब चमत्कार सा लगता था। मगर क्या यही दृश्य आज चमत्कार लगता है? नहीं, आज तो 'सब मालूम है' की अवस्था है। कोई कहे कि देखो, देखो उगते सूरज का रंग कैसा है! तो आप कहेंगे, 'हाँ, मालूम है। इसमें कौन सी नई बात है, सूरज तो रोज़ उगता है।'

इस तरह इंसान को आज जो भी दृश्य दिखाई देते हैं, उनके प्रति वह यही कहता है कि यह तो मुझे मालूम है... अब कुछ भी नया सा लगता ही नहीं... किसी के लिए कोई भाव ही नहीं आता। मगर बच्चे को देखा जाए तो उसकी आँखों में कितनी चमक आती है! उसे हर बात चमत्कार लगती है। इसी आशय को एक और उदाहरण द्वारा समझें।

एक शिकारी था। वह अपने मित्र और अपने नए कुत्ते को लेकर जंगल में शिकार करने निकला। जंगल में उसने काफ़ी ऊँचाई पर उड़ते एक पक्षी पर निशाना साधा और गोली चला दी। पक्षी पास ही मौजूद नदी के पानी में गिरा। कुत्ता दौड़ते हुए नदी के पानी पर गया और मरे हुए पक्षी को उठा लाया। यह देखकर उसके मित्र के मुँह से निकला, 'ओह, कितना बड़ा चमत्कार...।' दरअसल, उसने शिकारी के निशाने के बजाय कुत्ते को पानी पर चलते हुए देखा और उसे चमत्कार मान लिया। तभी शिकारी ने कहा, 'देखा मेरा चमत्कार? कैसे इतनी ऊँचाई पर उड़ते पक्षी को मैंने मार गिराया।' यह सुनकर मित्र ने कहा, 'वह सब तो ठीक है लेकिन

चमत्कार तो यह है कि आपका कुत्ता पानी पर चलते हुए गया था।' यह सुनकर शिकारी ने बड़ी सहजता से कहा, 'हाँ क्योंकि उस बेचारे को तैरना नहीं आता।' अब आप समझ सकते हैं कि शिकारी को क्या देखना चाहिए था और वह क्या देख रहा था।

तात्पर्य यह है कि लोगों को इस तरह के चमत्कार देखने को मिले तब भी उन्हें वह साधारण सी बात लगती है क्योंकि लोगों ने चमत्कार की भी अपनी एक कल्पना कर रखी है। यदि उनकी कल्पना अनुसार न हो तो वह उन्हें चमत्कार नहीं लगता। लोगों को ऐसे चमत्कार चाहिए, जिनसे उनके काम अपने आप पूरे हो जाएँ। जबकि हमारे आस-पास जो इतने बड़े चमत्कार हो रहे हैं, वे उन्हें दिखते ही नहीं क्योंकि चमत्कार को देख पानेवाली आँखें खो गई हैं।

हमारे आजू-बाजू में इतना कुछ आश्चर्य करने के लिए है, इतनी घटनाएँ हो रही हैं लेकिन उन्हें देखकर लोगों को आश्चर्य नहीं होता। लोग बहुत जल्दी बूढ़े हो जाते हैं। 15... 20... 25... साल की उम्र में ही आश्चर्य करनेवाली आँखें खो जाती हैं। फिर जब दोबारा सत्य की आँखों से देखते हैं तो हर चीज़ चमत्कार ही लगती है।

जीज़स 'चमत्कारी जीज़स' के रूप में भी लोगों के समक्ष आए। उनके द्वारा तरह-तरह के चमत्कार हुए। जीज़स ने लोगों को कहा, '**यदि तुम विश्वास करते हो कि तुम ठीक हो ही जाओगे तो हो जाओगे। अपने विश्वास पर विश्वास रखो।**'

जीज़स के पास जो बीमार लोग आते थे, यदि वे अविश्वास रखते थे तो जीज़स वहाँ कोई चमत्कार नहीं दिखाते थे। जो उनके ही मुहल्ले के लोग थे, वहाँ उन्होंने चमत्कार नहीं दिखाए। उनके द्वारा ऐसी जगहों पर चमत्कार हुए जहाँ लोगों में विश्वास जागृत हुआ था। चमत्कार तब होते हैं जब इंसान के अंदर विश्वास तैयार होकर प्रकट होता है। उनके स्पर्श से बीमार इंसान ठीक हो गए और यहाँ तक कि उन्होंने मरे हुए लोगों को भी जीवित किया। जिनकी चेतना खो गई थी, उनकी चेतना लौटाई।

चमत्कारी जीज़स ने अंधे लोगों को आँखें दी। उन्होंने बहुत से चमत्कार किए मगर जब उन्हें सूली पर चढ़ाया जा रहा था तब लोगों ने कहा, 'इतने चमत्कार करनेवाला मसीहा स्वयं को बचाने के लिए कोई चमत्कार क्यों नहीं करता?' लेकिन ज़रा सोचें कि स्वयं को बचाने के लिए कोई चमत्कार न करना, यह भी तो एक तरह का चमत्कार ही है। यह आत्मबल का चमत्कार है।

जीज़स ईश्वर से कहते हैं, 'तुम्हारी इच्छा पूर्ण हो (Thy will be done)।' लेकिन लोगों के लिए चमत्कार की परिभाषा ही अलग है। जो उनके हिसाब से हो, वही उनके लिए चमत्कार है यानी 'मेरा मन जैसा चाहता है, वैसा हो जाए तो चमत्कार वरना कैसा चमत्कार?' इसीलिए ज़रूरी है कि चमत्कार को देख सकनेवाली हमारी वे आँखें दोबारा हमारे पास आ जाएँ यानी हम फिर से बच्चे की तरह बन जाएँ। बच्चे अपने पास अनुभव रखते हैं। दो-ढाई साल के बाद उसका मन तैयार होना शुरू होता है और तब वह असली अनुभव को ढँक देता है, बंद कर देता है। जब उसके अंदर का 'मैं' यानी उसका अहम् भाव शुरू हो जाता है तब वह अपने आपको अपने शरीर के साथ जोड़कर देखता है। इसके बाद उसके लिए शरीर ही महत्त्वपूर्ण हो जाता है। अब समय आया है कि हम शरीर से परे जाकर उस स्वअनुभव को समझें, जो हर बच्चे में प्रखर होता है।

22

सदा आत्मबल द्वारा शक्ति का इस्तेमाल करें

जीज़स अंतिम समय तक अपने निर्णय पर कायम रहे। जबकि लोग उनसे बार-बार चमत्कार दिखाने के लिए कह रहे थे मगर उन्होंने सलीब पर चढ़कर ऐसा कोई चमत्कार नहीं दिखाया, जैसा लोग चाहते थे। ऐसा इसलिए हुआ क्योंकि जीज़स अपनी शक्ति का इस्तेमाल करके प्रकृति के नियमों को बदलना नहीं चाहते थे। मृत्यु भी उनके निर्णय को बदल न सकी क्योंकि जीज़स ने मृत्यु को सहज ही स्वीकार कर लिया था। यह उनकी आत्मबल की शक्ति का प्रदर्शन था।

आज के दौर में शक्तिहीन लोगों को शक्ति अर्जित करने के लिए कहा जाता है। जैसे : युवा लड़कों को अपने अंदर गुण विकसित करने और शक्ति एवं बुद्धि बढ़ाने हेतु प्रेरित किया जाता है क्योंकि यह वर्तमान समय की आवश्यकता है।

जब कोई युवक ज़िम्मेदार नहीं होता या खुद कमाता नहीं है तो उसे शक्ति की आवश्यकता महसूस होती है। हालाँकि सांसारिक क्रिया-कलापों में शक्ति की भी आवश्यकता होती है। मगर शक्ति अर्जित करने के साथ-साथ युवाओं को यह समझ भी दी जानी चाहिए कि शक्ति को कैसे सँभालना है, आत्मबल द्वारा कैसे उसका सदुपयोग करना है और शक्ति का इस्तेमाल कभी भी अपने लक्ष्य के खिलाफ़ नहीं करना है।

जीज़स की कुर्बानी प्रेम का दूसरा रूप है

जीज़स के पास शक्ति थी लेकिन उन्हें अपने जीवन का लक्ष्य भी स्पष्ट था। यह लक्ष्य था – मृत्यु यानी अपनी कुर्बानी। कुर्बानी को प्रेम से अलग न समझें क्योंकि कुर्बानी प्रेम का ही दूसरा हिस्सा है। दोनों एक ही सिक्के के दो पहलू हैं। जीज़स लोगों से प्रेम करते थे और आज भी करते हैं। उनकी कुर्बानी इसी प्रेम का दूसरा पहलू थी। उच्चतम विकसित समाज, जहाँ प्रेम और तेजप्रेम होता है, वहाँ कुर्बानी बहुत सहज है वरना यूँ ही देखें तो कुर्बानी बहुत मुश्किल लगेगी। यह युवा पीढ़ी के लिए सबक़ है। जीज़स के हृदय में उच्चतम अवस्था का तेजप्रेम था इसीलिए वे लोगों के लिए कुर्बानी दे पाए और फिर दोबारा जीवित हो उठे।

दरअसल आज अनजाने में इंसान शक्ति को ज़्यादा महत्त्व देने लगा है। यदि होश जागृत हो जाए तो आप खुद से यह सवाल पूछ पाएँगे कि शक्ति आने के साथ कहीं मेरा लक्ष्य बदल तो नहीं गया है? मेरी प्रार्थना बदल तो नहीं गई है? क्या मैं अब भी उसी दिशा में प्रार्थना कर रहा हूँ, जिस लक्ष्य को लेकर मैं चला था? अगर इंसान खुद से ऐसे सवाल नहीं पूछता तो संभावना है कि शक्ति आने के साथ वह अपने लक्ष्य से दूर जाए या लक्ष्य को भूल जाए।

जैसे : एक इंसान प्रार्थना करता है, 'मैं प्रेम, आनंद और मौन से भरे जीवन का निर्माण करूँ, जिसका मैं खुद भी लाभ लूँ और मेरे साथ रहनेवाले लोग भी।' इस तरह वह एक प्यारा लक्ष्य लेकर चलता है मगर शक्ति आने के बाद वह लापरवाह होने लगता है। परिणामतः उसकी लापरवाही अन्य लोगों के लिए भी नुक़सानदायी होने लगती है। ऐसे में उस इंसान से कई सारी ग़लतियाँ भी होती हैं। फिर जब उसे जीवन में बड़े झटके लगते हैं तब वह होश में आता है। अगर कोई सही समय पर जागृत नहीं हुआ तो कुछ लोग ऐसे हालात में और भी बदतर होते जाते हैं। शक्ति के खेल (पॉवर गेम) में जो इंसान पहले बुरा नहीं था, वह बुरा बनने लगता है। जैसे : राजनीति में कुछ अच्छे लोग भी गए थे, जो बाद में बुरे बनकर, बाक़ी राजनेताओं की तरह ग़लत कार्य करने लगे। ऐसा इसलिए हुआ

क्योंकि वे अपनी शक्ति को सँभाल नहीं पाए।

दुनिया में ऐसे कई डॉक्टर्स और काउन्सलर्स हैं, जो लोगों के दुःख और बीमारियाँ वगैरह दूर कर रहे हैं। उनके लिए भी यह समझना बहुत ज़रूरी है कि इंसान कब पथभ्रष्ट हो जाता है। जब इंसान इस तरह के कार्य करने लगता है तो उसे लोगों की साइकोलॉजी समझ में आने लगती है।

यह बहुत ज़रूरी है कि जो इंसान दूसरे की काउन्सलिंग कर रहा है यानी उसे प्रशिक्षण दे रहा है, वह कहीं पथ भ्रष्ट न हों। अर्थात उसने जो उद्देश्य रखा था, शक्ति आने के बाद वह उस उद्देश्य को भूल न जाए। क्योंकि शक्ति मिलने के बाद इंसान को अलग-अलग तरह के लोग मिलेंगे, जो उसे कई सारे प्रलोभन देंगे। ऐसे में इंसान को किसी और के प्रभाव में आकर अपना निर्णय नहीं बदलना चाहिए। इसलिए पहले से ही यह सुनिश्चित करें कि कोई और आपके निर्णय को बदल न सके।

जैसे एक ग्राहक किसी दुकानदार से पूछता है कि फलाँ चीज़ कितने की है? यदि दुकानदार को लगता है कि ग्राहक को पहले से ही उस चीज़ के दाम का अंदाज़ा है तो दुकानदार उसका सही दाम बताएगा वरना बढ़ा-चढ़ाकर बताएगा और ग्राहक को ठग लेगा। अर्थात यहाँ पर ग्राहक को देखकर दाम बताए जाते हैं। यहाँ सिर्फ़ इंसान बदला है और अगर इंसान बदलने से दाम बदल रहा है तो इसका अर्थ है कि इंसान में पथभ्रष्ट होने की संभावना है यानी उसके ऊँचाई पर पहुँचकर भी वापस गिरने की संभावना है।

यदि जीज़स के अंतिम समय के बारे में पढ़कर आपके सामने यह स्पष्ट हो जाए कि शक्ति का इस्तेमाल कभी भी लक्ष्य के खिलाफ़ नहीं करना है तो इसका अर्थ है कि उद्देश्य सफल हो गया। अब जीवन में कोई भी ऐसी स्थिति आएगी तो आपको ये बातें याद आएँगी और आप डटे रहेंगे, टिके रहेंगे और अपना निर्णय नहीं बदलेंगे। क्योंकि आपको मालूम होगा कि यह नकारात्मक परिस्थिति नहीं बल्कि अपना आत्मबल बढ़ाने का मौक़ा है।

हर इंसान आनंदित समाज (महानिर्वाण) निर्माण करने की शक्ति रखता है। मगर स्वयं के भीतर इस बात का विश्वास जगाने के लिए पहले उसे छोटे-छोटे निर्माण कार्य करने होंगे। यदि हर इंसान को यह लक्ष्य समझ में आ जाए और वह उसके लिए कार्य करने लगे तो उसकी सुविधा की हर चीज़ अपने आप ही जीवन में आ जाती है। फिर उसे किसी अन्य सुविधा के लिए प्रार्थना नहीं करनी पड़ती क्योंकि वह तो उसे बोनस के रूप में मिल ही जाती है।

23

सूली या समाधि

आज के युग में खूँखार क़ैदियों के साथ जेल में कड़ा व्यवहार किया जाता है और उन्हें अन्य खूँखार क़ैदियों के साथ बेड़ियों-हथकड़ियों में रखा जाता है। जबकि अगर कोई राजनेता क़ैदी हो तो उसके साथ बेहतर व्यवहार किया जाता है, उसे सब सुविधाएँ दी जाती हैं, यहाँ तक कि उसके लिए जेल में टी.वी. और मोबाईल जैसी सुविधाएँ भी उपलब्ध कराई जाती हैं। उस ज़माने में भी यही रिवाज़ था। इसीलिए जो लोग जीज़स के खिलाफ़ थे, उन्होंने जान-बूझकर जीज़स को खूँखार क़ैदियों के साथ रखा ताकि वे लोगों को यह दिखा पाएँ कि जीज़स एक बहुत बड़े अपराधी हैं। जीज़स के साथ जो दो अपराधी थे, उन दोनों ने कई लोगों की हत्याएँ की थीं इसलिए उन्हें भी सूली पर चढ़ाया जा रहा था।

जब जीज़स के कंधे पर क्रॉस लादकर उन्हें सूली पर चढ़ाने के लिए ले जाया जा रहा था तो वे दोनों ख़ूनी भी अपना-अपना क्रॉस लेकर जा रहे थे। वह त्योहारों का मौसम था इसलिए रास्ते पर काफ़ी भीड़ थी। लोगों ने उन्हें देखा तो एक-दूसरे से पूछने लगे कि क्या चल रहा है, क्या हो रहा है? सब अपना-अपना अनुमान लगा रहे थे। कुछ देर बाद जब लोगों को समझ में आया कि जीज़स को सूली पर चढ़ाने के लिए ले जाया जा रहा है तो वहाँ हड़बड़ाहट मच गई। जीज़स को ऐसी अवस्था में देखकर कुछ लोग रो पड़े। जीज़स ने उनसे कहा, 'अगर रोना है तो अपने लिए रोओ।' जीज़स ज़िस अवस्था में थे, वे लोगों को उसी अवस्था में स्थापित कर सकते थे। परंतु जीज़स को न समझकर लोगों ने अपना ही नुक़सान कर लिया। वे उस

उच्चतम अवस्था से वंचित रह गए। यही कहते-कहते जीज़स उस जगह पर पहुँच गए, जहाँ उन्हें सूली पर चढ़ाया जाना था।

उन दो क़ैदियों में से एक अपराधी न तो जीज़स को जानता था और न मानता था। लोग कई बार सामनेवाले की तारीफ़ भी इसलिए करते हैं ताकि उनका स्वार्थ सिद्ध हो सके। जैसे उस क़ैदी ने जीज़स से कहा, 'हमने तुम्हारे बारे में बड़ा सुना है कि तू ऐसा है, तू वैसा है, तू ईश्वर का पुत्र है, ईश्वर तेरी सब मानता है, तूने ऐसे-ऐसे चमत्कार किए हैं। इसलिए तुम खुद को भी सूली से उतार दो और हमें भी बचा लो।' लेकिन जीज़स ने ऐसा कुछ नहीं किया इसलिए उस क़ैदी को बड़ा गुस्सा आ रहा था। वह गुस्से में जीज़स को बोल रहा था, 'क्या हो गया तुम्हारी शक्तियों का? अगर तुम्हारे पास शक्ति है तो हमें बचाकर दिखाओ...।'

सूली पर चढ़ाए जाने के ख़याल से ही पहला क़ैदी डर गया था मगर दूसरा क़ैदी उस समय मनन कर रहा था। उसने पहले क़ैदी को समझाते हुए कहा, 'तुम अपनी तुलना जीज़स के साथ कैसे कर सकते हो? हम दोनों अपने गुनाहों की वजह से आज सूली पर चढ़ाए जा रहे हैं, हमने कई लोगों की हत्याएँ की हैं। जबकि जीज़स के यहाँ होने का कारण कुछ और ही है। ये हमेशा दूसरों के लिए जीए हैं और तुम उन्हीं की बुराई कर रहे हो। बेहतर होगा कि तुम इस समय अपने बारे में सोचो।' इतना कहकर वह दूसरा क़ैदी जीज़स की ओर मुड़ा और उनसे कहा, 'मैंने आपके बार में काफ़ी कुछ सुना है। कई लोग आपको मानते हैं इसलिए कृपा करके जब भी आपका राज्य आएगा तो मुझे ज़रूर याद करना।' यह सुनकर जीज़स ने जवाब दिया, 'मैं तुझे कहता हूँ कि तू आज से ही मेरे साथ ईश्वर के राज्य में होगा।'

इस प्रकार आप देख सकते हैं कि जीज़स के साथ सूली पर चढ़ाए गए दोनों क़ैदी एक-दूसरे से कितने अलग थे, दोनों में कितना बड़ा फ़र्क़ था। एक को कहा गया, 'आज ही तुम मेरे साथ रहोगे।' दूसरा क़ैदी जीज़स को ही गालियाँ दे रहा था। पहले क़ैदी ने सूली को अस्वीकार किया, जबकि दूसरा क़ैदी सूली को स्वीकार करके जीज़स के साथ हो लिया। उसे अब मृत्यु का कोई भय नहीं था।

वहाँ मृत्युदंड देने के पहले और बाद में क़ैदियों के शरीर में कीलें ठोकी जाती थीं, पेट में भाले चुभोए जाते थे और सिर पर काँटों का ताज पहनाया जाता था। आपने मृत्यु के बारे में तो सुन रखा होगा लेकिन मृत्युदंड देने के इतने बर्बर तरीक़े के बारे में नहीं सुना होगा। इसी तरीक़े से जीज़स को सूली पर चढ़ाया गया। उसके बावजूद जीज़स ने सूली पर चढ़ानेवालों को माफ़ करते हुए कहा, 'ईश्वर इन्हें माफ़ कर दो, ये नहीं जानते कि ये क्या कर रहे हैं।' अब ज़रा सोचें कि वे किस चेतना से उन लोगों को माफ़ कर पाए और अगर उन्होंने यह पंक्ति नहीं कही होती तो क्या हुआ होता। दरअसल इसकी कल्पना करना भी मुश्किल है। क्योंकि जो नहीं हुआ, उसे लोग जान नहीं पाएँगे, होने के बाद ही कुछ जाना जा सकता है। जीज़स के शब्दों में ताक़त थी। उन्होंने जो पंक्तियाँ कहीं, उनकी वजह से लोग न जाने कितनी चीज़ों का सामना करने से बच गए। इससे आप समझ सकते हैं कि उच्च चेतना से कही गई हर पंक्ति का महत्त्व कितना अधिक हो सकता है।

अगर किसी साधारण इंसान को सूली पर चढ़ाने के लिए कह दिया जाए तो वह पूरी दुनिया को बद्दुआएँ देने लगेगा। लेकिन जब जीज़स को सूली पर चढ़ाया गया तो उनके अंदर से कोई बद्दुआ नहीं निकली। उस समय वे शरीर को भी अपने अनुभव पर रहकर देख रहे थे। ये बातें सामने नहीं आ पाईं क्योंकि लोगों को पता ही नहीं था कि असल में समाधि क्या होती है, अपने होने का एहसास क्या होता है। ऐसे लोग भला जीज़स की कही हुई बातें कैसे समझ पाते? अगर आप जीज़स को समझना चाहते हैं तो आपको पहले यह जानना होगा कि अपने अनुभव पर रहना क्या होता है। शरीर सूली पर होते हुए भी जीज़स के अंदर नफ़रत, द्वेष और ईर्ष्या जैसे नकारात्मक भाव नहीं उठे, उनके अहंकार को चोट नहीं पहुँची। न उनके अंदर यह डर आया कि आगे क्या होगा? न ही ऐसा कोई लालच उठा, 'मैं यहूदियों का राजा बनूँ और लोग मेरा हर आदेश मानें।' यह इसीलिए संभव हुआ क्योंकि उन्हें पता था कि वे प्रभु के राज्य को नहीं छोड़ रहे हैं।

जीज़स ने सूली पर भी समाधि का अनुभव लिया। संत ज्ञानेश्वर ने समाधि का अनुभव जीवित शरीर को त्यागकर समाधि में लिया। जीज़स का मनोशरीर यंत्र अलग तरीक़े से अभिव्यक्त करता है और संत ज्ञानेश्वर का

अलग तरीक़े से। ये दोनों अनुभव ही कर रहे थे, सिर्फ़ तरीक़ा अलग था।

लोगों को लगता है कि इसका सत्य से या अनुभव से कुछ लेना-देना नहीं है, जबकि ऐसा नहीं है। चूँकि लोग उसे स्पष्ट रूप से देख और समझ नहीं पाते इसलिए उन्हें ऐसा लगता है। जबकि ईश्वर की अभिव्यक्ति अलग-अलग शरीर अलग-अलग तरीक़े से करता है। जैसे भक्त प्रह्लाद ने बड़े होकर राज्य सँभाला। वास्तव में ऐसा करके उन्होंने भी समाधि ही ली थी। उनके शरीर में कुछ चीज़ें भक्ति से आईं, कुछ ज्ञान की वजह से और कुछ विश्वास के चमत्कार से आईं। इसका अर्थ तरीक़ा जो भी रहा हो लेकिन लक्ष्य सभी का एक ही था।

आख़िरकार सूली पर चढ़ाने के बाद जीज़स की देह का अंत हो गया। तभी अचानक वहाँ बिजली कड़की और बारिश के साथ भयंकर तूफ़ान आ गया। यह सब देखकर लोगों को संकेत मिले और कई लोगों को समझ में आया कि जीज़स सचमुच ईश्वर पुत्र ही थे। आम तौर पर लोग यही करते हैं। जब तक इंसान जीवित रहता है, तब तक वे उसे पहचान नहीं पाते और उसका जीवनकाल समाप्त होते ही लोग उस पर यक़ीन करना शुरू कर देते हैं।

जीज़स को सूली पर चढ़ाने की घटना को आप किस तरह देखते हैं? आप मानते हैं कि उस वक़्त चेतना का स्तर निम्न होने के कारण लोग जीज़स की बातों को समझ नहीं पाए इसीलिए उन्हें सूली पर चढ़ा दिया गया। लेकिन आज के लोगों की जो चेतना है, उससे वे क्या कर रहे हैं?

उस ज़माने में शरीर को सूली पर चढ़ाया गया और आज के युग में किसी और चीज़ (उच्च शिक्षाओं) को सूली पर चढ़ाया जा रहा है, जबकि लोगों को इसकी ख़बर तक नहीं है। इसीलिए वे उसे रोक नहीं पा रहे हैं। आपको जिन चीज़ों की ख़बर मिलती है, आप चाहते हैं कि वे रुकें। जिनके लिए आप प्रार्थनाएँ करते हैं, उन्हें रोकने की कोशिश भी करते हैं।

यदि आप भी चाहते हैं कि आपके भीतर जीज़स का जन्म हो, वे फिर से जी उठे तो आप आज से ही उनकी शिक्षाओं को अपने जीवन में

उतारना शुरू करें। उनकी शिक्षाओं को लोगों के अज्ञान की वजह से सूली चढ़ने न दें।

जीज़स की कुर्बानी

जीज़स ने सूली पर चढ़कर लोगों के लिए कुर्बानी दी। क्या कारण था उनकी इस कुर्बानी का? उनके लिए कारण था, स्वर्ग में बैठे हुए उनके पिता। जीज़स ने कहा कि मैं अपने फ़ादर के लिए यह कुर्बानी दे रहा हूँ। स्वर्ग में बैठे मेरे पिता ऐसा ही चाहते हैं तो 'दाय विल बी डन।' उनकी ही इच्छा पूर्ण हो।

जब जीज़स सूली पर कुर्बान हुए तब उन्होंने सूली पर रहते हुए किस चीज़ को लोगों के लिए ज़िंदा कर दिया? उन्होंने लोगों में 'प्रभु के प्रेम' को जीवित किया।

लोग सवाल कर सकते हैं कि जीज़स के अंदर इतना आत्मबल कैसे आया? वे यह कुर्बानी कैसे दे पाए? इसके लिए पहले आपको समझना होगा कि कुर्बान होना यानी क्या?

कुर्बानी तभी दी जा सकती है जब कोई ऐसा हो, जिसके लिए आप कुर्बानी देना चाहें। या फिर मानवहित के लिए आपके पास कोई उच्च लक्ष्य हो, जिसके लिए आपको लगे, 'मुझे इस लक्ष्य के लिए कुर्बानी देनी चाहिए।'

आम इंसान के जीवन में तो कुर्बानी शब्द आता ही नहीं है। कभी कभार कुछ रिश्तों में इंसान प्रेम की कुर्बानी देता है। लोग तो फ़िल्म के परदे पर किरदारों को कुर्बानी देते हुए देखते हैं और भावुक हो जाते हैं परंतु उनके अंदर यह विचार नहीं आता कि क्या मेरे जीवन में भी यह संभव है? मेरे जीवन की कुर्बानी का महत्त्व क्यों होना चाहिए? मेरे जीवन का अर्थ क्या है? हरेक को स्वयं मनन करना चाहिए।

क्या आज हम दूसरों के लिए सहजता से कुछ चीज़ें छोड़ पाते हैं? क्या सहजता से 'जाने दो' कह पाते हैं? हम दूसरों के लिए कितना

छोड़ पाते हैं? यह बताता है कि हमने जीवन को कितना परखा है, हमने जीवन को कितने गहराई तक जाना है और आगे हमारे जीवन को क्या रूप मिलेगा।

जीज़स के जीवन द्वारा कुर्बानी का महत्त्व समझें और अपनों के लिए क्या किया जा सकता है, इस पर ज़रूर सोचें।

खण्ड 5

जीज़स का पुनरुत्थान

24

जीवन के उपरांत जीवन

जिस तरह मिश्र देश के लोग पिरामिड्स के अंदर मृत देह को ममी के रूप में रखने की व्यवस्था करते थे। उसी तरह जीज़स के ज़माने में रोम के लोग मरने से पहले ही अपने और अपने परिवारवालों के लिए किसी अच्छे स्थान पर कब्रों का इंतज़ाम करके रखते थे। जीज़स के एक अमीर अनुयायी ने भी अपने लिए एक कब्र का इंतज़ाम कर रखा था। जीज़स के शिष्यों ने उससे बातचीत करके वह कब्र ले ली और जीज़स की मृत देह को इसी में रखा। क्योंकि जीज़स ने अपने शिष्यों से पहले ही कह दिया था कि वे तीसरे दिन फिर से जी उठेंगे। जब रोम के अधिकारियों को जीज़स की इस भविष्यवाणी के बारे में पता चला तो उन्होंने उस कब्र के पास पहरा बिठा दिया। अधिकारियों को डर था कि कहीं जीज़स के शिष्य कुछ उलटा-पुलटा न कर दें और जीज़स सचमुच फिर से ज़िंदा न हो जाएँ।

अगले दिन संडे को एक औरत शिष्यों के पास आई और बोली, 'मैं अपनी दो सहेलियों के साथ कब्र पर इत्र छिड़कने के लिए गई तो वहाँ मैंने देखा कि कब्र एक छोटी सी गुफा के अंदर है, जिसका पत्थर हटा हुआ था और कब्र का द्वार खुला हुआ था। मैंने वहाँ पर दो देवदूत देखे, जिन्होंने कहा कि मरे हुए लोगों में ज़िंदा को क्यों ढूँढ़ रहे हो? यह सुनकर मैं अपनी दोनों सहेलियों को वहीं छोड़कर भागते-भागते यहाँ आ गई क्योंकि मुझे लगता है कि जीज़स पुनर्जीवित हो उठे हैं।'

यह सुनकर सारे शिष्य भी कब्र के पास पहुँच गए, जहाँ उन्हें जीज़स की कब्र ख़ाली मिली। यह सब देखकर पहरेदारों ने अधिकारियों को सूचना

दी। तब अधिकारियों ने पहरेदारों को रिश्वत देते हुए कहा, 'तुम लोग सारे शहर में इस बात का प्रचार कर दो कि रात को जब हम सो रहे थे, तब जीज़स के शिष्य आकर उनके मृत देह को चुरा ले गए हैं।'

मुख्य बात यह थी कि जीज़स पुनर्जीवित हो उठे और लोगों से मिले। जब लोगों तक यह ख़बर पहुँची तो ख़ुशी के मारे उनकी आँखों में आँसू आ गए। जो लोग जीज़स से सीधी मुलाक़ात नहीं कर पाए वे बार-बार शिष्यों से कह रहे थे कि जब तक हम अपनी आँखों से नहीं देख लेंगे, तब तक इस बात पर यक़ीन नहीं करेंगे कि जीज़स फिर से जीवित हो गए हैं। दरअसल, कइयों ने जीज़स के शरीर को सलीब पर लटकते और उनके हाथों व पैरों पर कीलें गाड़े जाते हुए देखा था इसलिए लोगों को विश्वास नहीं हो रहा था कि वे पुनर्जीवित हो सकते हैं।

एक इंसान ऐसा भी था, जिसने जीज़स के शिष्यों से कहा, 'मैं यक़ीन नहीं कर सकता कि जीज़स पुनर्जीवित हो गए हैं। जब तक मैं उन्हें छूकर नहीं देख लेता, जब तक मैं उनके हाथों में कीलों के कारण हुए छेद में उँगली डालकर नहीं देख लेता, तब तक मुझे विश्वास नहीं होगा कि जीज़स फिर से जी उठे हैं।'

बाद में उसकी जीज़स से मुलाक़ात हुई। दोनों के बीच बातचीत भी हुई। उसने देखा कि जीज़स के हाथों में छेद हैं लेकिन फिर भी वे जीवित हैं, तब उसे विश्वास हुआ। ऐसे लोगों को देखकर ही जीज़स ने कहा, 'धन्य हैं वे लोग जो विश्वास करते हैं और धन्य हैं वे लोग जो बिना देखे विश्वास करते हैं।' असल में देखकर यक़ीन करना अच्छी बात है लेकिन बिना देखे भी यक़ीन करने के लिए उच्च चेतना चाहिए, इसीलिए विश्वास रखनेवाले लोगों को जीज़स ने धन्य कहा। जब तक इंसान मनन नहीं करेगा, तब तक उच्च चेतना प्राप्त नहीं करेगा और यह नहीं देख पाएगा कि अदृश्य में प्रभु का कौन सा खेल चल रहा है।

उस इंसान की तरह कई लोगों में छेद देखने की आदत होती है। वे हर बात में यही जानना चाहते हैं कि छेद यानी होल (hole) कहाँ है। इसीलिए वे होल (whole) यानी संपूर्ण को कभी समझ नहीं पाते। वे संपूर्ण (whole)

के अंदर बार-बार छेद (hole) देखकर अपनी ही चेतना गिराते रहते हैं। संपूर्ण को देखकर कुछ लोगों को अपनी दुविधाओं से बाहर आने का मौक़ा मिल जाता है, जबकि कुछ लोग जीवनभर उन्हीं दुविधाओं के अंदर रहते हैं, उनसे बाहर नहीं आ पाते और उच्च शिक्षाओं का लाभ नहीं ले पाते हैं।

इंसान चमत्कार को देखना भूल गया है। ज़रा सोचें कि इंसान को क्या-क्या देखना चाहिए? जो बाहर प्रकट होता है, वह देखना चाहिए या वह देखना चाहिए, जो उसके पीछे छिपा होता है या फिर वह, जो कहीं और ही है?

जीज़स ने कहा था,'धन्य हैं वे लोग, जो बिना देखे विश्वास रख सकते हैं।' उनके इन शब्दों का वास्तविक अर्थ था,'धन्य हैं वे लोग, जो मनन के द्वारा विश्वास कर सकते हैं।' वरना कोई बिना देखे कैसे विश्वास करेगा? चूँकि जीज़स ने गहराई से मनन किया है इसलिए उन्हें सब कुछ साफ़-साफ़ दिख रहा है। अगर जीज़स को समझना है तो मनन करें कि इंसानी रिश्तों के पीछे, प्रेम के पीछे और प्रार्थना के पीछे क्या है। जब लोग इस बात पर मनन करेंगे कि इंसान को यह सब क्यों मिलता है तो वे जीज़स के संदेशों को भली-भाँति समझ पाएँगे।

25

पुनरुत्थान दिवस

पुनरुत्थान का अर्थ है, मृत्यु के बाद जन्म-मृत्यु के चक्र से मुक्त होकर फिर से महाजीवन प्राप्त करना। ईसाई लोग पुनरुत्थान दिवस या ईस्टर-डे को जीज़स के पुनर्जीवन के दिन के रूप में मनाते हैं। ईसाईयत के अनुसार ईश्वर के बेटे जीज़स को शुक्रवार को सलीब पर चढ़ाया गया और रविवार को उन्हें पुनर्जीवन मिल गया। इसी की याद में पवित्र सप्ताह के शुक्रवार को गुड फ्रायडे और रविवार को ईस्टर-संडे या ईस्टर-डे मनाया जाता है। लेकिन इसका संदर्भ केवल धार्मिक नहीं, आध्यात्मिक है।

गुड फ्रायडे आएगा तो गॉड संडे (ईस्टर-संडे) भी आएगा। क्योंकि हर सीन अगले सीन की तैयारी होती है। हालाँकि बहुत कम लोग जानते हैं कि इस दिन का महत्त्व क्या है और इसे क्यों मनाया जाता है। आम तौर पर लोग गुड फ्रायडे का ग़लत अर्थ लगा लेते हैं क्योंकि वे इसे ईसा मसीह को सलीब पर चढ़ाने की घटना के रूप में याद करते हैं और दुःखद दिवस के रूप में मनाते हैं।

इंसान की समझ जिस दिन के बारे में जैसी होती है, वह उसे उसी ढंग से मनाता है। इसीलिए जो घटना आनंद दे सकती है, वही दुःख भी दे सकती है। लोगों के जीवन में न जाने कितनी घटनाएँ होती हैं और वे उन पर दुःखद या ख़ुशी का लेबल लगाकर देखते हैं। तभी तो लोग मृत्यु को दुःखद घटना के रूप में देखते हैं।

यह सब समझ और नज़रिए का फ़र्क़ है। इसीलिए कुछ लोगों के लिए यह गुड फ्रायडे होता है तो कुछ के लिए बैड फ्रायडे। लेकिन जो लोग इन दोनों के पार देख पाते हैं, उनके लिए यह गॉड फ्रायडे बन जाता है।

जीज़स ने पहले ही यह भविष्यवाणी कर रखी थी कि वे मृत्यु के बाद फिर से जी उठेंगे और यही हुआ। ईस्टर-संडे* को उनका पुनरुत्थान हुआ। लोगों को लगा कि जीज़स ने चमत्कार कर दिया। दरअसल, लोगों ने भविष्यवाणियाँ तो बहुत सुनी थीं लेकिन उन्हें सच होते हुए पहली बार देख रहे थे। पहले से ही जीज़स ने लोगों की मदद करनी शुरू की। किसी की लाइलाज बीमारी ठीक कर दी, किसी की आँखों की रोशनी वापस ला दी, यहाँ तक कि मृत लोगों को ज़िंदा भी किया। जीज़स ने लोगों को बताया कि यह सब कैसे हो रहा है, लोगों ने उनकी बातें सुनीं लेकिन फिर भी उन्होंने यही माना कि जीज़स चमत्कार कर रहे हैं। वास्तव में कोई बाहरी शक्ति काम कर रही थी इसीलिए असंभव चीज़ें संभव होती जा रही थीं। जीज़स के पुनरुत्थान में भी इसी शक्ति का योगदान था। जीज़स ने सबको इस बारे में बताया भी लेकिन लोगों ने सुनकर भी समझा नहीं और बाद में भूल गए कि जीज़स क्या बता रहे थे।

आम तौर पर यही होता है, जब लोग कुछ घटनाओं को समझ नहीं पाते तो उनसे जुड़ी ऐसी बातें बना लेते हैं और फिर उन बातों के माध्यम से उन घटनाओं को याद रखते हैं। लेकिन जो विषय की गहराई में जाना चाहेगा, वह यह जानना चाहेगा,'आख़िर यह सब क्यों रचा गया, इसके पीछे वास्तविक कारण क्या था, असली योजना क्या थी, यह घटनाक्रम क्यों हुआ और इसका क्या लाभ हुआ?'

जीज़स ने जो भविष्यवाणी की थी, लोग इंतज़ार कर रहे थे कि अगर वाक़ई वैसा ही हुआ तो हम यक़ीन करेंगे। यानी जब उन्हें सब सबूत मिलेंगे, तब वे यक़ीन करेंगे। इसी तरह लोग अपने विचारों पर भी यक़ीन कर लेते हैं

ईस्टर को एक महत्त्वपूर्ण पर्व के रूप में माना जाता है क्योंकि उस दिन जीज़स फिर से जी उठे थे।

कि फलाँ इंसान फलाँ तरीक़े से बात कर रहा है तो इसका अर्थ है कि वह ग़लत है यानी इंसान को अपने सबूतों और विचारों पर ही यक़ीन आता है। उसने मनन करके यक़ीन करना सीखा ही नहीं है। इसीलिए जब तक सत्य दिखाई नहीं देता, जब तक सत्य प्रदर्शित करनेवाली कोई घटना नहीं घटती, तब तक लोग उस पर यक़ीन नहीं करते। जब तक लोगों को इस बात का सबूत नहीं मिलता कि फलाँ बात में मेरा भी कोई फ़ायदा है, तब तक वे उस पर यक़ीन नहीं करते। जबकि सबूत मिलने के बाद तो कोई भी यक़ीन कर लेगा। जब सबूत न मिला हो, तब भी आप यक़ीन कर पाएँ, 'इसमें मेरा ही लाभ है,' तब बड़ी बात है। इसीलिए जीज़स की यह बात बहुत अर्थपूर्ण है कि धन्य हैं वे लोग जो बिना देखे विश्वास कर सकते हैं।

जीज़स समाधि में

जीज़स के जीवन में विश्वास को ही उच्च स्थान पर ले जाया गया है। अगर आप जीज़स के विश्वास की उच्चता का 10 प्रतिशत भी कर पाए तो बड़े चमत्कार कर सकेंगे। लेकिन लोग ऊपर उठने की कोशिश तो करें। अगर जीज़स जितना ऊपर नहीं उठे तो भी कुछ तो उठेंगे। वह भी कम नहीं होगा। इंसान अपने आजू-बाजू में देखता है कि समझ के स्तर पर कोई ज़्यादा ऊपर उठा ही नहीं है इसलिए वह बोलता है कि मैंने दूसरों से तो बहुत अच्छा किया। लोगों ने जब जीज़स के शरीर की मृत्यु और उनका पुनर्जीवन देखा तब उन्होंने उनकी बातों पर विश्वास किया क्योंकि अब वे एक नई अवस्था में थे। शरीर की सिद्धियों, साधनाओं और समाधि से जुड़ी ऐसी बातों को ईसाईयत के अनुयायी समझ ही नहीं पाए।

हिंदुस्तान में यह सब समझना आसान है क्योंकि यहाँ ऐसे कई संतों के उदाहरण हैं, जो अलग-अलग समय पर प्रकट होकर लोगों को दर्शन देते रहे हैं। शरीर की शक्तियों के हिसाब से इंसान समाधि में शरीर शून्य हो जाता है और साधनाओं से सिद्धियाँ प्राप्त कर सकता है। जब शरीर की शक्तियाँ ऐसी हैं तो जीज़स को सूली पर क्या अनुभव हुआ होगा? दरअसल उनका वह आंतरिक अनुभव तो कोई नहीं समझ सकता कि वे वहाँ कैसी समाधि में गए थे और आगे उनके शरीर में किस तरह की

शक्तियाँ पैदा हुईं, जो उसके पहले नहीं थी। सूली पर लटके जीज़स का शरीर जितनी देर मृत अवस्था में रहा, वह पूरा समय दरअसल एक ध्यान सत्र था। जहाँ हाथ-पाँव खोले नहीं जा सकते। उस समय सब बंद होता है, ऐसे में अगर आप जाना चाहे तो सिर्फ़ अंदर ही जा सकते हैं क्योंकि कोई और मार्ग है ही नहीं।

यह सत्र कुछ समय तक चलता है, दर्द उठते हैं और इंसान उच्चता पर होता है। जबकि आज लोग ध्यान में बैठते हैं और अगर थोड़ी सी भी तकलीफ़ होती है तो उठकर खड़े हो जाते हैं और ध्यान को बीच में ही रोकते हैं। लेकिन जीज़स का ध्यान सत्र एक अलग ही स्तर पर था।

इसके बाद जीज़स में जो नई शक्तियाँ जागृत हुईं, उनके ज़रिए उन्होंने अपने आगे के कार्य किए। उन्होंने चालीस दिन तक अपने शिष्यों को प्रशिक्षण दिया, जिसमें वे कुछ समय उनके साथ थे और कुछ समय नहीं थे। ऐसा इसीलिए था क्योंकि वे अपने शिष्यों को यह प्रशिक्षण देना चाहते थे कि सारे शिष्य जीज़स के शरीर के बिना भी सत्य की राह पर चल सकें।

ऐसा माना जाता है कि चालीस दिन के बाद वे सदेह संसार से चले गए लेकिन उनके सारे कार्य फिर भी चलते रहे। उन्होंने जो भी भविष्यवाणियाँ की थीं, वे सब धीरे-धीरे सत्य होती गईं। हालाँकि लोग उसके भी अलग-अलग अर्थ निकालते रहते हैं लेकिन उन सब बातों में न जाते हुए हमारे लिए सिर्फ़ वे बातें समझना महत्त्वपूर्ण है, जो हमारी चेतना बढ़ाती हैं।

26

जीज़स से सीखें, जीवन का लक्ष्य

जीज़स सलीब (सूली) पर चढ़े क्योंकि वे जानते थे कि बीज को ज़मीन के अंदर अंकुरित होने से पहले मरना होगा, फ़ना होना होगा इसलिए उन्होंने वहाँ कोई चमत्कार नहीं किया। यह तर्क से परे की बात है। इसे पढ़कर लोग कहेंगे कि यह कैसा लक्ष्य है कि इंसान मरने के लिए पैदा हुआ है? जैसे : संत ज्ञानेश्वर की समाधि लोगों को यह मनन करने पर मजबूर करती है कि क्या मृत्यु ही जीवन का लक्ष्य हो सकता है? अगर कोई बच्चा छोटी उम्र में ही मर जाता है तो लोग बहुत परेशान हो जाते हैं और सोचते हैं कि अरे! इतनी कम उम्र में क्यों मर गया? जबकि मरना ही उसका लक्ष्य था। लेकिन लोग यह नहीं समझ पाते। छोटी उम्र में गुज़रे बच्चों के माता-पिता से पूछें तो आपको पता चलेगा कि वे कितने दु:खी और परेशान हैं क्योंकि इंसान कभी समझ नहीं पाता कि ऐसे लक्ष्य भी हो सकते हैं।

अगर आप लोगों से पूछें कि उनके जीवन का लक्ष्य क्या है तो वे यही बोलेंगे, 'पढ़ाई करनी है... पैसा कमाना है... करियर बनाना है... शादी करनी है... बच्चे पैदा करने हैं... फिर उन्हें बड़ा करना है...।' दरअसल लोग इससे बड़ा कोई लक्ष्य देख ही नहीं पाते। उन्हें पता ही नहीं है कि उनका अदृश्य जीवन लक्ष्य क्या है। फिर जब कोई उस तरह जीकर दिखाता है तो लोग बोलते हैं, 'हाँ, अब हमें यक़ीन आया कि इससे अलग लक्ष्य भी हो सकते हैं।'

दरअसल सेल्फ़ अलग-अलग शरीर में अलग-अलग लक्ष्य रखता है। अगर एक ही लक्ष्य रखना होता तो यह संसार बनता ही क्यों? पाँचों उँगलियाँ एक सी नहीं होतीं। उनके अलग-अलग होने के पीछे कारण होता है। वास्तव में जीज़स का देहांत बीज के अंकुरित होने से पहले या अमर होने से पहले की कुर्बानी था। उनके देहांत के पीछे कुर्बानी का उद्देश्य था ताकि लोग फिर से नए बनकर जीएँ। यानी जीज़स ने उनके सारे पापों का प्रायश्चित्त कर लिया और लोगों को कर्मों की पूरी स्लेट अपने रक्त से क्लीन करके दी। इस तरह उन्होंने यह संदेश दिया, 'अब तुम नए बनकर जीवन शुरू करो।' जीज़स की इस कुर्बानी का लाभ सभी को प्राप्त हुआ।

जैसे : कोई किसी पवित्र नदी में नहाकर आता है और उसके बाद वह दोबारा कभी पाप कर्म नहीं करता तो लोग मान लेते हैं कि वह पापी नहीं रहा। जीज़स ने भी वही किया जो गंगा करती है यानी जीज़स और गंगा एक हो गए। दरअसल, अलग-अलग शरीरों ने अलग-अलग व्यवस्थाएँ प्राप्त की हैं लेकिन लोग अपने विचारों, मान्यताओं और पैटर्न्स में उलझ जाते हैं। उन्हें फिर से अपने भीतर भक्ति जगाने का, शुद्ध होने का, अपराध बोध से मुक्त होने का मौक़ा मिले इसीलिए अलग-अलग धर्म में इसके अलग-अलग तरीक़े बताए गए हैं। अगर लोगों को जीज़स की बातों के पीछे छिपा अर्थ पता नहीं होगा तो वे सिर्फ़ कहानी सुनकर उसे छोड़ देंगे। लेकिन जिसने अर्थ समझा है, वह इस बात पर विचार करेगा, 'मैं नया बन पाया या नहीं? मेरा पुनरुत्थान हुआ या नहीं?' ताकि सही ढंग से कार्य शुरू हो और पाप से वाक़ई मुक्ति मिले।

खण्ड 6

मुक्ति का मौक़ा

क्राइस्ट-क्रिसमस

27

ईसाई धर्म की शुरुआत

क्रिसमस

'मेरी तेरी क्रिसमस' यानी हमारी क्रिसमस। हमारी क्रिसमस पढ़कर आपके मन में यह शंका आ सकती है कि यह केवल क्रिश्चियन जाति के लोगों के लिए है, ऐसा बताकर कहीं हमें क्रिश्चियन तो नहीं बनाया जा रहा है? इंसान की सोच अगर विकसित न हुई हो तो वह उच्चतम बातों को नहीं पकड़ सकती। यही सीमित सोच इंसान के भीतर जीज़स को पैदा होने से रोकती है वरना हर एक के अंदर जीज़स का जन्म अभी और यहीं हो सकता है।

लोग क्रिसमस मनाते हैं लेकिन क्या वे सही मायने में क्रिसमस मनाते हैं? एक-दूसरे को 'मेरी क्रिसमस' कहते हैं लेकिन क्या उन्हें 'मेरी' का अर्थ पता है? मेरी का अर्थ है - 'हैप्पी, ख़ुशी, Enjoy & be merry, ख़ुश रहो।' इसी दिन जीज़स क्राईस्ट का जन्म हुआ था। आज लोग उनका जन्मदिन कैसे मना रहे हैं और कैसे मनाना चाहिए? जीज़स की आज्ञाओं का पालन करना तथा अपनी चेतना को चैतन्य (क्राईस्ट) चेतना तक पहुँचाने का प्रयास ही सच्ची क्रिसमस मनाना है। चूँकि आज कोई भी इस तरह से क्रिसमस नहीं मना रहा है इसलिए आप भी नहीं मना रहे हैं।

आज करोड़ों लोग क्रिसमस मना रहे हैं और करोड़ों लोग नहीं मना रहे हैं मगर अधिकांश बेहोशी में मना रहे हैं। जो नहीं मना रहे हैं वे यह सोच रहे हैं कि यह तो हमारा त्योहार नहीं है और जो मना रहे हैं, उनके लिए यह एक पार्टी, उत्सव, त्योहार मनाने का मौक़ा है। जैसे : कोई दिवाली मनाता

है, पटाखे जलाता है मगर उसे पता ही न हो कि यह सब क्यों किया जा रहा है? बैंड बज रहे हैं, ग्रीटिंग काड्‌र्स दिए जा रहे हैं, तोहफ़े दिए जा रहे हैं, क्रिसमस ट्री लगाया जा रहा है, उस पर बल्ब जलाए जा रहे हैं, केक काटा जा रहा है, लोग पार्टियाँ मना रहे हैं। इस तरह से सही क्रिसमस नहीं मनाई जाती। सही क्रिसमस मनानी है तो कुछ बातें समझनी होंगी।

क्रिसमस के दिन ईसा (यीशू, जीज़स, मुक्तिदाता) का जन्म हुआ। जिसके द्वारा आज़ादी की, मुक्ति की घोषणा हुई। जिसके बलिदान से आज भी लोग विश्व में लाभ ले रहे हैं। आज तक जो भी त्योहार बनाए गए, उसके पीछे एक ही रहस्य है। वह रहस्य अगर समझ में आ गया तो आप मेरी क्रिसमस 'हमारी क्रिसमस' मना सकते हैं वरना सिर्फ़ बाहर-बाहर के कर्मकाण्ड रह जाएँगे। साल आएँगे, साल जाएँगे, जीवन समाप्त हो जाएगा मगर लोग जान ही नहीं पाएँगे कि ये सब त्योहार क्यों बने? क्यों किसी का जन्मदिन विश्व में मनाया जा रहा है?

किसी भी साधारण सी बात पर त्योहार नहीं बनता। जैसे : यदि कोई अपना बँगला बनाता है तो उस पर कोई त्योहार नहीं बनता। कोई उसे मनाता नहीं है कि फलाँ-फलाँ दिन पर ताजमहल बना... फलाँ-फलाँ दिन पर यह बँगला बना... क्योंकि ये सारे कारण व्यक्तिगत हैं, अव्यक्तिगत (इम्पर्सनल) नहीं। वह किसी की व्यक्तिगत (पर्सनल) जागीर है। जहाँ और जब आज़ादी की घोषणा होती है, वहाँ और तब त्योहार मनाए जाते हैं। जब लोग यह महसूस करते हैं कि यह घटना हमें हमेशा हमारा कुल-मूल उद्‌देश्य याद दिलाएगी, उस बात को ही त्योहार के रूप में मनाया जाता है। किसी फ़िल्म का उद्‌घाटन हुआ तो वह कभी त्योहार नहीं बनता। कोई नया टी.वी. सीरियल शुरू हो तो वह त्योहार नहीं बनता, किसी ने कोई सपना देखा हो तो उसे त्योहार के रूप में नहीं मनाया जाता। कोई आई.सी.यू. से ठीक होकर आया हो, वह त्योहार नहीं बनता।

त्योहार तब बनता है, जब किसी ने ऐसा काम किया हो या कोई ऐसा पैदा हुआ हो, जिसके बाद लोग आज़ादी को समझ पाए, प्राप्त कर पाए। जिसके बाद विश्व में क्रांति हुई, कर्मकाण्डों का अंत हुआ,

आत्मसाक्षात्कार प्राप्त किया गया, लोगों ने स्वयं को जाना। त्योहार, पृथ्वी पर इंसान के जन्म के पीछे का रहस्य याद दिलाने के लिए निमित्त बनता है। जयंती है या जन्माष्टमी, नवमी है या दशहरा, दिवाली है या गुरुनानक जयंती, रमज़ान ईद है या क्रिसमस–जीज़स का जन्मदिन सभी में एक समान संदेश है, एक समान कार्य है।

कृष्ण आए मुक्तिदाता आए – कंस से मुक्ति दिलाई।
गुरुनानक आए, मुक्तिदाता आए – अज्ञान से मुक्ति दिलाई।
जीज़स आए, मुक्तिदाता आए – पाप से मुक्ति दिलाई।

सभी मुक्तिदाता थे मगर अज्ञान में, एक ही मुक्तिदाता को श्रेष्ठ मानकर, बाक़ी सभी गौण हैं, तुच्छ हैं, न के बराबर हैं, सही नहीं हैं, ऐसा मान लिया जाए तो यहाँ ग़लती हो जाती है। हम सही हैं, बाक़ी सब ग़लत हैं, इस–इस को माननेवाला ही स्वर्ग में प्रवेश करेगा... बाक़ी सब नर्क में जाएँगे... ऐसी बातें उन लोगों द्वारा जोड़ दी गईं, जो अपने धर्म की दुकान चलाना चाहते थे। जिस बात को तोड़ने के लिए मुक्तिदाता आए, उसी बात का खंडन करते हुए जब सांप्रदायियों की दुकान खुल जाती है तो असली सत्य ग़ायब हो जाता है। फिर त्योहार याद दिलाते हैं कि जो जीज़स ने बताया वही आज हम मान रहे हैं, उसे जीवन में उतार रहे हैं तो हम सही क्रिसमस मना रहे हैं।

क्रिसमस ट्री पर बल्ब लगाकर सिर्फ़ ट्री को ही प्रकाशमान नहीं करना है बल्कि अपने शरीर को भी प्रकाशमान करें, मान्यताओं का पेड़ गिराएँ। जीज़स ज्यू का धर्म सिखाने नहीं आए थे, वे इंसानियत का धर्म सिखाने आए थे।

अपने अंदर क्राइस्ट को जन्म दें

'प्रभु के राज्य में प्रवेश पाओ, वहाँ सब मिलेगा,' ऐसी पंक्तियाँ जीज़स द्वारा कई बार कही गईं। मगर कल्पना यह बन गई, 'प्रभु का राज्य बाहर है या मृत्यु उपरांत मिलता है, मृत्यु उपरांत हमें उसमें प्रवेश पाना है।' परिणामतः लोग इस धारणा में अटक गए कि आज यदि हम केवल अच्छे

कर्म करेंगे तो हमें प्रभु के राज्य में प्रवेश मरने के बाद मिलेगा, अन्यथा नहीं। लोग यह गूढ़ सत्य समझ ही नहीं पा रहे कि लोगों को वर्तमान में लाकर (क्राईस्ट चेतना दिलाकर) प्रभु के राज्य में प्रवेश दिलाया जा सकता है।

28

एक मौक़ा मुक्ति पाने का

जीज़स ऐसे लोगों को भी आशीर्वाद देते थे जो बुरे और पापी थे। कुछ वेश्याएँ थीं, उन्हें भी जीज़स ने आशीर्वाद दिया। लोगों को लगा ये ऐसे कैसे कर रहे हैं? जीज़स ने प्रत्यक्ष उत्तर न देते हुए, एक उदाहरण के साथ बोलना शुरू कर दिया।

> एक इंसान के दो बेटे थे। छोटे बेटे को व्यसन ने घेर लिया था, जिसमें उसने अपना सारा पैसा गँवा दिया था। फिर उसने जायदाद से अपना हिस्सा माँगने के लिए पिताजी पर मुकदमा किया। इस पर बड़े बेटे को बहुत गुस्सा आया मगर पिताजी ने कहा,'उसका पैसा, उसका हिस्सा उसे दे दिया जाए।' फिर छोटा बेटा अपना हिस्सा लेकर चला गया।
>
> कुछ सालों के बाद वह अपना सब कुछ लुटाकर वापस अपने गाँव, अपने घर आ रहा था। पिताजी को पता चला कि वह प्रायश्चित्त के लिए वापस आ रहा है तो वे बैंड-बाजा लेकर उसे लेने गए और उसके आने के उपलक्ष्य में गाँव के सारे लोगों के लिए भोज रखा, पार्टी रखी।
>
> बड़ा बेटा जो खेत में काम कर रहा था, उसे जब मालूम पड़ा कि उसका छोटा भाई आ रहा है, जो व्यसनी था, जिसने सब पैसा लुटा दिया है और पिताजी उसके लिए सभी को पार्टी दे रहे हैं तो उसे बहुत अफ़सोस हुआ। उसने सोचा,'मेरे लिए तो

पिताजी ने कभी भोज रखा नहीं।' ऐसी सोच के लिए कहा जाता है कि अज्ञानवश जो सोचा जाए कम है।

जब पिताजी आए तो बड़े बेटे ने उनसे पूछा, 'पिताजी आप ऐसा क्यों कर रहे हैं? उसने अब तक इतना बुरा बरताव किया। फिर भी आप उसके लिए इतना कुछ कर रहे हैं। आपने मेरे लिए तो कभी ऐसा नहीं किया!' तब पिताजी ने बड़े बेटे को जवाब दिया, 'अरे! तुम्हें तो ख़ुश होना चाहिए कि तुम्हारा भाई जो मर गया था, वह ज़िंदा हो गया है (जो माया में खो गया था, वापस आ गया है)।' यह जवाब सुनकर बड़ा बेटा चुप हो गया। वह क्या बोलता? पिताजी ने कहा, 'अरे! तुम सदा मेरी आँखों के सामने थे इसलिए तुम्हें लगा कि मैंने तुम्हारे लिए कुछ नहीं किया लेकिन ऐसा नहीं है। तुम्हें पता है, ज़्यादा फ़िक्र अपने उन बच्चों की होती है, जो बुरे और पापी बन गए हैं।'

जीज़स ने उपरोक्त उदाहरण से लोगों को प्रायश्चित्त का महत्त्व बताया। उनकी शिक्षाओं में यह वर्णित है, 'प्रभु परमात्मा पापियों को उनके प्रायश्चित्त करने पर उन्हें प्रेम से माफ़ करते हैं।' प्रायश्चित्त करना यानी इतना कहना काफ़ी नहीं है, 'प्रभु मेरे पाप क्षमा करो।'

प्रायश्चित्त करना यानी ईश्वर को कपटमुक्त होकर सब कुछ बताना (पूरी विचार सेवा देना), 'मैंने ये अपराध किए, लोगों को कष्ट पहुँचाया, इसके लिए कृपया मुझे माफ़ करें। मैं आगे से यह ग़लती नहीं दोहराऊँगा।'

प्रायश्चित्त कैसे करें

जीज़स ने लोगों को सही प्रायश्चित्त करना सिखाया। लोग प्रार्थना तो करते हैं कि हे ईश्वर हमारे पाप माफ़ कर दो परंतु इसके पश्चात भी वे नहीं सुधरते। वे कहते हैं, 'ईश्वर को सब मालूम है कि मैंने क्या किया है, फिर भी बताने के लिए क्यों कहा गया?' तब उनसे कहा जाता है, 'जब आप अपने शब्दों में और विस्तार से अपने पाप कर्म बताएँगे तब आप पर उससे बाहर आने की ज़िम्मेदारी आएगी। यदि आप ऊपर-ऊपर से

केवल शब्द कहेंगे तो आपमें कोई परिवर्तन नहीं आएगा। आप वैसे ही रहेंगे।'

लोगों को ज़िम्मेदारी का एहसास हो तो वे स्वयं में सुधार करेंगे वरना लोग एक-दूसरे को कितने दुःखाते रहते हैं और 'सॉरी' कह देते हैं। ऐसे प्रायश्चित्त का पूरा परिणाम नहीं आता है। सिर्फ़ सॉरी कहना काफ़ी नहीं है। सामनेवाले को बताना चाहिए, 'मैंने ऐसा-ऐसा किया, तुम्हें दुःख पहुँचाया, जिसके लिए मैं शर्मिंदा हूँ, मुझे माफ़ करो।'

अगर आप पूरा कह पाते हैं तो ज़िम्मेदार बनेंगे और सामनेवाला भी आपके भाव समझ पाएगा। केवल सॉरी कहते हैं तो वह मैकेनिकल(मशीनी ढंग) माफ़ी माँगना हो जाता है, जिसका उसे कोई फ़ायदा नहीं होता इसलिए सही ढंग से प्रायश्चित्त करें।

सामनेवाला चाहे कहे, 'मुझे सॉरी कहने की कोई आवश्यकता नहीं है, तुम्हारी बातों से मैं दुःखी नहीं हुआ हूँ, तुम चिंता मत करना।' फिर भी आपको कहना है, 'मुझसे ग़लती हुई है, मैं ऐसी ग़लती आगे नहीं करूँगा, ईश्वर नहीं चाहता कि मेरे द्वारा ऐसी ग़लतियाँ दुबारा हो तो कृपया आप मुझे माफ़ कीजिए। आपको बुरा लगा हो या न लगा हो इसलिए नहीं, ईश्वर ऐसा चाहता है इसलिए मुझे माफ़ कीजिए।' यह प्रायश्चित्त करने का सही तरीक़ा है।

आप ऐसे संसार की कल्पना करें कि जहाँ लोग आसानी से प्रायश्चित्त कर पाते हैं क्योंकि सॉरी बोलना भी कई लोगों को कठिन लगता है। उनके अहंकार को चोट पहुँचती है। जीज़स ने समझाया कि पापियों को भी प्रायश्चित्त करने का मौक़ा मिले। अब समझें कि प्रायश्चित्त करते समय किस प्रकार सामनेवाले से क्षमा माँगी जाए।

क्षमा इंसान का आंतरिक गुण है। क्षमा हृदय की गहराई से उठनेवाला भाव है। किसी को सॉरी बोलकर निकल गए या मन ही मन अपनी ग़लती महसूस कर चुप रह गए, यह सही तरीक़े से क्षमा माँगना नहीं हुआ। न ही किसी को 'मैंने तुम्हें माफ़ किया' कहकर, मन में उसके प्रति द्वेष या क्रोध को रोक लेना भी क्षमा नहीं है।

सीधे क्षमा कैसे माँगें

यदि आप किसी से प्रत्यक्ष रूप में (आमने-सामने आकर) क्षमा माँगने में सहज हैं तो आपको सीधे ही इस तरह क्षमा माँगनी चाहिए -

> **'मैंने आपको अपने भाव, विचार, वाणी या क्रिया से जो भी दुःख पहुँचाया है, उसके लिए कृपया मुझे क्षमा करें। मैं आगे से ध्यान रखूँगा कि मुझसे ऐसी ग़लती दोबारा न हो।'**

कम से कम क़रीबी रिश्तों में तो सीधे क्षमा ज़रूर माँग लेनी चाहिए। आमने-सामने बात होने और क्षमा माँगने पर तुरंत मन का मैल निकल जाता है। रिश्ते पर जमे दुःख, गुस्से, संशय के बादल हट जाते हैं। एक इंसान जब क्षमा माँगता है तो अकसर दूसरे इंसान को भी अपनी ग़लती का एहसास होता है। अब तक जो अहंकार के चलते ग़लती मानने में हिचकिचा रहा था, आपका क्षमा माँगना उसका भी रास्ता खोल देता है। जिसके परिणामस्वरूप दोनों पक्षों में सुलह होकर कर्मबंधन बनने का सिलसिला ख़त्म हो जाता है।

मान लीजिए, रिश्तों में आपको लग रहा है कि आपकी ग़लती नहीं है और सामनेवाला भी अकड़कर खड़ा है। ऐसे में बात ज़्यादा न बढ़े और रिश्ते की मिठास बनी रहे, ऐसा सोचकर यदि आप ही क्षमा माँग लेते हैं तो इससे सामनेवाले को भी कहीं न कहीं महसूस होता है कि ग़लती उसकी थी और आप माफ़ी माँग रहे हैं। उसका अहंकार पिघलने लगता है। अकसर वह कह उठता है,'मेरी भी ग़लती थी, आप भी मुझे माफ़ करें।' इस तरह से बात 'तिल का ताड़' बनने से बच जाती है और सुलह के रास्ते खुल जाते हैं।

मान लीजिए, सामनेवाला आपको क्षमा नहीं कर रहा है तो वह आगे कभी क्षमा नहीं करेगा, ऐसा न समझें। पहले यह समझें कि वह इस वक़्त आपको क्षमा नहीं कर रहा है तो ऐसी अवस्था में आपको 'नहीं' को कैसे लेना है?

आप 'नहीं' को 'अभी नहीं' ऐसा समझेंगे। सामनेवाला कहेगा,

'अभी मैं तुम्हें क्षमा नहीं कर सकता।' आप कुछ समय के बाद फिर से क्षमा माँगें। आपको क्षमा इसलिए भी माँगनी है ताकि वह इंसान भी नफ़रत से बाहर आ जाए।

क्षमा प्रार्थना

बहुत सी घटनाओं में हम सीधे क्षमा माँगने में सहज नहीं होते और बहुत सी घटनाओं में हमें बाद में समझ में आता है कि हमसे ग़लती हुई थी। तब सीधे क्षमा माँगने या देने का समय निकल चुका होता है। ऐसे में हम मानसिक प्रार्थना द्वारा क्षमा प्रार्थना कर सकते हैं।

अपनी आँखें बंद करें।

आमंत्रण दें – प्रिय............................. (उस इंसान का नाम, जिसे क्षमा करना है) के दिव्य स्वरूप, मैं आपको अपने ध्यान क्षेत्र में आमंत्रित करता हूँ।

क्षमा करें – 'मेरे मन में आपके प्रति जो भी नफ़रत, द्वेष या शिकायत है, मैं उसे अपने मन से जाने दे रहा हूँ। मैं............. *को साक्षी रखकर आपको क्षमा करता हूँ। मैं आपसे प्रेम करता हूँ। आपका आदर करता हूँ। मैंने आपको शरीर समझकर व्यवहार किया, आपके अंदर की परम चेतना (सेल्फ़) को नहीं देखा, इसके लिए भी मैं क्षमा प्रार्थी हूँ। मैं आगे से ध्यान रखूँगा कि मुझसे ऐसी ग़लती दोबारा न हो।'

क्षमा माँगें – 'मैं............. * को साक्षी रखकर आपसे क्षमा माँगता हूँ। मैंने आपको अपने भाव, विचार, वाणी या क्रिया से जो भी दुःख पहुँचाया है, उसके लिए कृपया मुझे क्षमा करें। मैंने आपको शरीर समझकर व्यवहार किया, आपके अंदर की परम चेतना (सेल्फ़) को नहीं देखा, इसके लिए भी मैं क्षमा प्रार्थी हूँ। मैं आगे से ध्यान रखूँगा कि मुझसे ऐसी ग़लती दोबारा न हो।'

---

*गुरु, ईश्वर या अपने आदर्श या जिनके भी सामने आप ज़्यादा ज़िम्मेदार, सजग और समर्पित होते हैं, उन्हें साक्षी रखकर इंसाफ़ के ईश्वर से कहें...

धन्यवाद दें – मेरे ध्यान क्षेत्र में आने के लिए बहुत-बहुत धन्यवाद। कृपया अब आप अपने स्थान पर वापस जाएँ... धन्यवाद... धन्यवाद... धन्यवाद...।

जब भी अपनी ग़लतियों की क्षमा के लिए प्रार्थना करें तब यह ज़रूर सोचें कि क्या हमने दूसरों को क्षमा करना सीखा है? वरना इंसान दूसरों की कितनी तुच्छ बातों को पकड़कर, झगड़े करता है कि उसने यह किया, उसने वह किया। आप सोचेंगे तो आपको हँसी आएगी कि कब ये बड़े होंगे, जो इतनी छोटी बातों पर झगड़ते रहते हैं। इसलिए जीज़स द्वारा कहा गया है, 'जो क्षमा करेंगे, उन्हें क्षमा किया जाएगा।'

29

ईसाई धर्म

संक्षिप्त विवरण

ईसाई धर्म ईसा मसीह के उपदेशों पर आधारित है। इनका पवित्र धर्म ग्रंथ 'बाइबल' है।

ईसाई एकेश्वरवादी हैं, वे ईश्वर को पिता के रूप में समझते हैं। इनके मतानुसार परमपिता परमेश्वर इस दुनिया के रचयिता और उसके शासक हैं। ईसाई तीन चीज़ों (Trinity) को मानते हैं। वे अपनी प्रार्थनाओं में परमपिता परमेश्वर, उनके पुत्र ईसा मसीह और पवित्र आत्मा इन तीनों का उल्लेख करते हैं।

ईसा मसीह : ईसा मसीह (यीशु) एक यहूदी थे, जो इज़राइल के गाँव बेथलेहम में जन्मे थे। ईसाई मानते हैं कि उनकी माता मेरी (मरियम) कुँवारी थी। ईसा उनके गर्भ में परमपिता परमेश्वर की कृपा से चमत्कारिक रूप से आए थे। ईसा के बारे में यहूदी रब्बियों ने भविष्यवाणी की थी कि एक मसीहा (अर्थात राजा या तारणहार) जन्म लेगा। उस वक़्त यहूदी रोमन शासकों के अधीन थे, वे भी उनसे मुक्त होने के लिए व्याकुल थे। ईसा मसीह ने अपने जीवनकाल में कई सारे चमत्कार किए। अंधों को स्पर्श से दृष्टि, गूंगों को वाणी तथा मृतकों को जीवन प्रदान करना इत्यादि। फलतः चारों ओर ईसा मसीह को प्रसिद्धि मिलने लगी। उनकी निरंतर बढ़ती प्रसिद्धि, पुरातन पंथी और सत्ताधारी वर्ग के लिए असहनीय हो गई। उन्होंने ईसा को झूठे आरोपों में फँसाने का प्रयास किया। ईसा मसीह ने

इज़राइल में यहूदियों को धर्म सभा में प्रेम का संदेश सुनाया और बताया, 'वे ईश्वर के पुत्र हैं।' इन बातों पर पुराणपंथी यहूदी धर्मगुरु भड़क उठे। उनके कहने पर इज़राइल के रोमन राज्यपाल ने ईसा को क्रॉस (सूली) पर चढ़ाए जाने का हुक्म दे दिया। यह रोमन साम्राज्य में प्रचलित सबसे क्रूर मृत्यु-दण्ड का स्वरूप था। उस वक्त ईसा मसीह मात्र साढ़े तैंतीस वर्ष के एक नौजवान थे। उनकी मृत्यु के तीन दिन बाद ईसा का पुनरुत्थान हुआ, वे पुनर्जीवित हो गए। ईसा के उपदेश बाइबल के नए नियम में उनके शिष्यों द्वारा रेखांकित किए गए हैं। कुछ लोग यह मानते हैं कि ईसा हिन्दुस्तान में भी आए थे।

पवित्र आत्मा : पवित्र आत्मा, परमेश्वर का तीसरा व्यक्तित्व है, जिनके प्रभाव में व्यक्ति अपने अंदर ईश्वर का एहसास करता है। यह ईसा के चर्च एवं अनुयाइयों को निर्देशित करती हैं।

संप्रदाय : ईसाइयों के मुख्य संप्रदाय है।

- **रोमन कैथोलिक** : रोमन कैथोलिक रोम के पोप को सर्वोच्च धर्मगुरु मानते हैं।
- **प्रोटेस्टेंट** : प्रोटेस्टेंट वे पोप को नहीं मानते और इसके बजाय बाइबल में पूरी श्रद्धा रखते हैं।
- **ऑर्थोडॉक्स** : ऑर्थोडॉक्स रोम के पोप को नहीं मानते पर अपने-अपने राष्ट्रीय धर्मसंघ के पैट्रिआर्क को मानते हैं, वे परंपरावादी होते हैं।

जीज़स का संदेश : सत्यमय जीवन बिताओ... सबसे प्रेम करो... सब पर दया करो... दान करो और लोभ न करो... विषय-वासनाओं के फेर में न उलझो... अपराधी को भी क्षमा करो... पाप से नफ़रत करो न कि पापी से... जो सच है, उसे कहने में मत झिझको... न अत्याचार करो, न दिखावा करो... ईश्वर पर विश्वास करो और ग़रीबों की सेवा करो... यह संदेश परमपिता परमेश्वर के पुत्र ईसा मसीह ने दुनिया को दिया। ईसा का अनुसरण करनेवालों की संख्या लगातार बढ़ रही है। ईसाइयों के मतानुसार

ईश्वर ने अपने इकलौते पुत्र को कुर्बान कर दिया। जीज़स के जन्म से पहले एक संत ने भविष्यवाणी की थी कि यहूदियों की मुक्ति के लिए ईश्वर जल्द ही एक मसीहा भेजनेवाला है। तब यहूदी लोग रोमन शासन (साम्राज्य) के अधीन थे। जीज़स के रूप में यहूदियों को उनका मसीहा मिल गया था।

ईसाई धर्म के प्रमुख पर्व : ईस्टर डे और क्रिसमस।

क्रिसमस 25 दिसंबर के दिन यीशु क्राईस्ट की देह का जन्म हुआ था। यह दिन पूरे विश्व में धूम–धाम से मनाया जाता है।

गुड फ्रायडे पर्व नहीं बल्कि शोक दिवस के रूप में देखा जाता है। इस दिन प्रभु यीशु को सूली पर चढ़ाया गया था। इस दिन को गुड फ्राइडे (शुभ शुक्रवार) कहा जाता है। गुड फ्रायडे एक ऐसा दिन है जब ईसा मसीह ने अपने भक्तों के लिए बलिदान देकर निःस्वार्थ प्रेम की पराकाष्ठा का उदाहरण प्रस्तुत किया। ईसा मसीह ने विरोध और यातनाएँ सहते हुए अपने प्राण त्याग दिए। उन्हीं की आराधना और वचनों के माध्यम से इंसानियत की राह पर चलने का ज्ञान देनेवाला दिन है, गुड फ्रायडे।

गुड फ्रायडे एकमात्र ऐसा दिन है, जिसका यहूदी फ़रवरी माह में, चाँद देखकर निर्धारण करते हैं। इसके चालीस दिन पहले, आनेवाले बुधवार से उपवास प्रारंभ हो जाते हैं। इस बुधवार को राख का बुधवार कहा जाता है। इन चालीस दिनों के उपवास में लोग ईश वचन, पठन, त्याग व तपस्या करते हैं। इन दिनों में ईसाई स्वयं को आध्यात्मिक रूप से दृढ़ बनाते हैं।

ईस्टर : ईस्टर को एक महत्त्वपूर्ण पर्व के रूप में मनाते हैं क्योंकि उस दिन जीज़स फिर से जी उठे थे। सभी मनुष्य मृत्युमय हैं अर्थात कोई भी प्राणी मृत्यु से बच नहीं सकता। यह अनोखी घटना है कि प्रभु ईसा मसीह मृत्यु के बाद फिर से जी उठे थे। 'ईस्टर संडे'– अर्थात प्रभु यीशु का जी उठना। यह प्रथा कैथोलिकों द्वारा शुरू हुई।

ईसाई धर्म में प्रार्थना का महत्त्व : ईसाई धर्म में प्रार्थना को बहुत महत्त्व दिया जाता है। ईसाई प्रार्थना में बहुत आस्था रखते हैं। हर कार्य से पहले ईसाई प्रार्थना करते हैं। वे अकेले और सामूहिक तथा दूसरों के लिए

भी प्रार्थनाएँ करते हैं। चर्च या गिरजाघर में सामूहिक प्रार्थनाएँ होती हैं। जो सभी ईसाइयों के लिए आवश्यक होती हैं। बच्चों को पवित्र जल में डुबकी लगवाई जाती है। इसे बैप्टिज़म (एक तरह का संस्कार) कहते हैं। इससे बच्चा चर्च (ख़ुदा के घर) में प्रवेश पाने की अनुमति प्राप्त करता है, तभी वे सही मायनों में ईसाई माने जाते हैं। यह भी बताया गया है कि मोक्ष प्राप्ति के लिए बैप्टिज़म आवश्यक है।

ईसाई प्रार्थना

'हे प्रभु ! दया करके हमारी प्रार्थनाएँ स्वीकार करो,
हम बिना आपके सहयोग के कोई भला कार्य नहीं कर सकते।
हम पर दया करो ताकि हम आपके आदेशों को पूरी
इच्छा शक्ति और कर्म के द्वारा अपनाकर आपको प्रसन्न कर सकें।
हमारे स्वामी ईसा मसीह द्वारा आप यह कृपा प्रदान करें ...
आमीन (प्रार्थना स्वीकार हो)।'

प्रायश्चित्त करना (confession) : ईसाई धर्मावलंबियों में, विशेषकर रोमन कैथोलिक में प्रचलित इस व्यवस्था के अनुसार चर्च में एक विशिष्ट रूप से बने स्थान पर इंसान को पादरी के समक्ष धर्म ग्रहण करते समय तथा प्रत्येक वर्ष कम से कम एक बार अपने पापों का ब्यौरा देकर प्रायश्चित्त करना पड़ता है। ऐसी मान्यता है कि प्रभु पादरी के माध्यम से उस इंसान को क्षमा कर देता है। दरअसल, पाप को न छिपाकर उसकी ताक़त ख़त्म कर दी जाती है। छिपाने से पाप फलता फूलता है।

ईसाई धर्म में मृत्यु उपरांत जीवन की मान्यता : ईसाई धर्म के अनुयाइयों के अनुसार स्वर्ग और नर्क है। क़यामत के दिन सभी को कब्रों से उठाया जाएगा और उनके अच्छे बुरे कर्मों के अनुसार उन्हें पुरस्कृत अथवा दंडित किया जाएगा।

ईसाई धर्म का शुभ चिन्ह क्रॉस : इसे पवित्र माना जाता है। यह उस सलीब का प्रतीक है, जिस पर जीज़स को सूली पर चढ़ाया गया था। मृतकों की कब्रों पर इसे रखा जाता है, यह बताने के लिए कि ईसा मसीह तुम्हारे साथ हैं।

प्रार्थना

'हे प्रभु ! दया करके हमारी प्रार्थनाएँ स्वीकार करें,
हम बिना आपके सहयोग के कोई
भला कार्य नहीं कर सकते ।
हम पर दया करो ताकि हम आपके सारे
आदेश पूरी इच्छा–शक्ति और कर्म द्वारा
अपनाकर आपको प्रसन्न कर सकें ।
हमारे स्वामी ईसा मसीह द्वारा आप
यह कृपा प्रदान करें।
आमीन (प्रार्थना स्वीकार हो)।'

परिशिष्ट 1

30

सत्युग आज और अभी

कल-कल में जीकर इंसान वर्तमान (सत्य) की पहचान खो देता है तब कलयुग आता है। कलयुग क्यों आता है, उसके लक्षण क्या हैं, इसे आगे दिए गए क्रम अनुसार विस्तार से जानें।

1. सत्य को जब मज़ाक में उड़ा दिया जाता है तब समझें कि कलयुग आ गया। कलयुग आने की कोई तारीख़ या समय नहीं है। ऐसा नहीं है कि पहले सत्युग था और अब कलयुग है। समय के साथ जब सत्य खोकर मज़ाक और कर्मकाण्ड बन जाता है तो ये सारे लक्षण कलयुग के आगमन के होते हैं। सत्य कैसे मज़ाक बन जाता है, इसे एक चुटकुले से समझें।

> एक मित्र ने दूसरे मित्र से कहा, 'मेरे पास एक ऐसी दवाई है जिसे पीने से इंसान सत्य बोलने लगता है।' उत्सुकतावश दूसरे मित्र ने वह दवाई पी ली और ज़ोर से चिल्लाया, 'यह तो घासलेट है।' इस पर पहले मित्र ने तुरंत जवाब दिया, 'देखा, मैं न कहता था कि यह दवाई पीने से इंसान सत्य बोलता है।'

अब सोचिए, यह इंसान सत्य को कैसे परिभाषित कर रहा है। सत्य की तुलना घासलेट के साथ की जा रही है। उसका ऐसा भद्दा मज़ाक उड़ाया जा रहा है। जब ऐसी स्थिति आए तब समझ जाना कि कलयुग आ गया है। ऐसा नहीं है कि कलयुग कोई फलाँ-फलाँ दिन आएगा या यह साल आ गया है, अब अगले दो-चार साल के बाद आनेवाला है। लोग कलयुग की जैसी कल्पना करके बैठे हैं, वैसा असल में कुछ नहीं है। कलयुग की

जो परिभाषा बताई गई है, उस हिसाब से जब भी वैसा दिखे तब समझ जाएँ कि कलयुग आ गया है।

2. जब सत्य सुनने की शक्ति ख़त्म हो जाए तब समझें कि कलयुग आ गया। अब सवाल यह उठता है कि सत्य सुनने की शक्ति कब और कैसे ख़त्म हो जाती है? जवाब है, 'जब कपट किए बिना काम नहीं बनता तब सत्य की शक्ति ख़त्म हो जाती है।'

> जैसे एक इंसान गटर में गिर गया और ज़ोर-ज़ोर से चीख़ने लगा,'आग आग!' उसकी आवाज़ सुनकर किसी ने उसे गटर में से बाहर निकालते हुए पूछा,'तुम आग-आग क्यों चिल्लाए?' इस पर उस इंसान ने जवाब दिया,'अगर मैं गटर-गटर चिल्लाता तो क्या तुम मेरी मदद करने के लिए आते?'

तात्पर्य है कि सत्य कहने पर सामनेवाला न सुने और कपट करके बताने पर ही सुने तो समझें कलयुग आ गया।

3. जब विवेक की तलवार को जंग लग जाए तब समझें कि कलयुग आ गया। विवेक सच्चाई को परखता है और प्रतिपल जानता है कि कौन सी बात सही है, कौन सी ग़लत। विवेक की तलवार को जंग लगने का अर्थ है - सत्य और असत्य का फ़र्क़ मालूम न पड़ना, अच्छे-बुरे का फ़र्क़ समझ में न आना। जब आपके अंदर का विवेक जागृत हो तब समझें कि सत्युग आ गया। अगर विवेक जागृत नहीं है और यह बात भी भूल गए हैं कि वक़्त के हिसाब से कौन सा काम करना चाहिए तो समझें कि कलयुग आ गया है।

4. जब चमत्कार देखनेवाली आँखें खो जाएँ तब समझें कि कलयुग आ गया है। आज इंसान को किस प्रकार का चमत्कार चाहिए? काम पूरे हो जाने का चमत्कार। हमारे आस-पास रोज़ कितने चमत्कार हो रहे हैं मगर उन्हें देखनेवाली आँखें अब हमारे पास नहीं हैं, जो कभी बचपन में हुआ करती थीं।

आख़िरकार चमत्कार क्या है? जब ईश्वर इंसान की इच्छा पूरी करे

या जब इंसान ईश्वर की इच्छा पूरी करे? इस मुद्दे पर ज़रा ग़ौर करें और फिर से बच्चे की तरह बन जाएँ। अर्थात सत्य की आँखों से हर एक को देखें कि हर तरफ़ चमत्कार ही चमत्कार है।

5. जब शरीर पर ही रहे, शरीर के आगे गए ही नहीं तो इसका अर्थ है कि कलयुग आ गया। जिन लोगों के लिए केवल शरीर ही महत्त्वपूर्ण हो जाता है, वे जीवनभर दूसरों की नक़ल करते रहते हैं और उसे ही जीवन का सच मानते हैं। एक पड़ोसी ने अपने मित्र से कहा,'तुम्हारा बेटा मेरी नक़ल करता है। मुझे बुरा लगता है, उसे समझाओ।' मित्र ने बेटे से कहा,'बेटे बेवक़ूफ़ों जैसी हरक़तें मत करो।' इस तरह लोग नक़ल में उलझे हुए हैं। जब ऐसा हो तो समझें कि कलयुग आ गया।

सत्‌युग का अर्थ

इंसान जब कपट, अनुमान और अविश्वास से मुक्त जीवन जीता है तब वह सत्‌युग की तरफ़ जाता है। 'सत्‌युग आएगा' का अर्थ ऐसा नहीं है कि कोई ऐसा फलाँ-फलाँ समय आएगा, जिसे आने में 1000 वर्ष लगेंगे। यदि ऐसा है तो क्या सत्‌युग का इंतज़ार करते हुए बैठे रहें या अभी इस वक़्त (here & now) सत्‌युग ले आएँ? क्या ऐसा कुछ हो सकता है, जिससे अभी ही सत्‌युग लगने लगे?

इस आशय द्वारा समझें कि आख़िर वे कौन से संकेत हैं, कौन सा विज्ञान है, जिसके ज़रिए सत्‌युग महसूस होगा? क्या हम उस धारणा को मान लें, जिसमें आज तक कहा जाता रहा है कि सत्‌युग तब था, जब ईश्वर देवताओं सहित पृथ्वी पर थे। पृथ्वी ही स्वर्ग थी। फिर त्रेता युग आया, जिसमें ईश्वर राम के अवतार में आए। अंततः द्वापर युग में कृष्ण आए और अब कलयुग आया है।

जिन लोगों की इस तरह की कल्पना या मान्यता है कि कलयुग आ चुका है या आनेवाला है, वे ग़लत धारणा को सच मानकर बैठे हैं। कारण सत्‌युग या कलयुग अभी भी हमारे पास ही हैं, हमारी बुद्धि में है, हमारे विचारों में और मन में है। हक़ीक़त में बहुत सारी महान हस्तियाँ, महान

सतपुरुष, ईश्वर के पुत्र, मुक्तिदाता, जो अब तक इस पृथ्वी पर होकर गए हैं, वे उनके माध्यम से सत्य की तरफ़ इशारा ही तो करते आए हैं। अतः कलयुग (हेड) की इस भ्रामक कल्पना से बाहर आएँ और सतयुग (हार्ट) में जीना शुरू करें।

यह पुस्तक पढ़ने के बाद अपना अभिप्राय (विचार सेवा) इस पते पर भेज सकते हैं : Tej Gyan Global Foundation, Pimpri Colony Post office, P.O. Box 25, Pune - 411 017. Maharashtra (India).

परिशिष्ट 2

सरश्री

अल्प परिचय

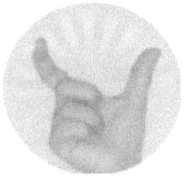

स्वीकार मंत्र मुद्रा

सरश्री की आध्यात्मिक खोज का सफ़र उनके बचपन से प्रारंभ हो गया था। इस खोज के दौरान उन्होंने अनेक प्रकार की पुस्तकों का अध्ययन किया। इसके साथ ही अपने आध्यात्मिक अनुसंधान के दौरान अनेक ध्यान पद्धतियों का अभ्यास किया। उनकी इसी खोज ने उन्हें कई वैचारिक और शैक्षणिक संस्थानों की ओर बढ़ाया। इसके बावजूद भी वे अंतिम सत्य से दूर रहे।

उन्होंने अपने तत्कालीन अध्यापन कार्य को भी विराम लगाया ताकि वे अपना अधिक से अधिक समय सत्य की खोज में लगा सकें। जीवन का रहस्य समझने के लिए उन्होंने एक लंबी अवधि तक मनन करते हुए अपनी खोज जारी रखी। जिसके अंत में उन्हें आत्मबोध प्राप्त हुआ। आत्मसाक्षात्कार के बाद उन्होंने जाना कि अध्यात्म का हर मार्ग जिस कड़ी से जुड़ा है वह है – समझ (अण्डरस्टैण्डिंग)।

सरश्री कहते हैं, 'सत्य के सभी मार्गों की शुरुआत अलग-अलग प्रकार से होती है लेकिन सभी के अंत में एक ही समझ प्राप्त होती है। 'समझ' ही सब कुछ है और यह 'समझ' अपने आपमें पूर्ण है। आध्यात्मिक ज्ञान प्राप्ति के लिए इस 'समझ' का श्रवण ही पर्याप्त है।'

सरश्री ने दो हज़ार से अधिक प्रवचन दिए हैं और अस्सी से अधिक पुस्तकों की रचना की है। ये पुस्तकें दस से अधिक भाषाओं में अनुवादित की जा चुकी हैं और प्रमुख प्रकाशकों द्वारा प्रकाशित की गई हैं, जैसे पेंगुइन बुक्स, हे हाउस पब्लिशर्स, जैको बुक्स, हिंद पॉकेट बुक्स, मंजुल पब्लिशिंग हाउस, प्रभात प्रकाशन, राजपाल ऐंड सन्स इत्यादि।

तेजज्ञान फ़ाउण्डेशन – परिचय

तेजज्ञान फ़ाउण्डेशन आत्मविकास से आत्मसाक्षात्कार प्राप्त करने का एक रास्ता है। इसके लिए सरश्री द्वारा एक अनूठी बोध पद्धति (System for Wisdom) का सृजन हुआ है। इस पद्धति को अन्तर्राष्ट्रीय मानक ISO 9001:2008 संबंधी आवश्यकताओं एवं निर्देशों के अनुरूप ढालकर सरल, व्यावहारिक एवं प्रभावी बनाया गया है।

इस संस्था की बोध पद्धति के विभिन्न पहलुओं (शिक्षण, निरीक्षण व गुणवत्ता) को स्वतंत्र गुणवत्ता परीक्षकों (Quality Auditors) द्वारा क्रमबद्ध तरीक़े से जाँचा गया। जिसके बाद इन पहलुओं को ISO 9001:2008 के अनुरूप पाकर, इस बोध पद्धति को प्रमाणित किया गया है।

फ़ाउण्डेशन का लक्ष्य आपको नकारात्मक विचार से सकारात्मक विचार की ओर बढ़ाना है। सकारात्मक विचार से शुभ विचार यानी हैप्पी थॉट्स (विधायक आनंदपूर्ण विचार) और शुभ विचार से निर्विचार की ओर बढ़ा जा सकता है। निर्विचार से ही आत्मसाक्षात्कार संभव है। शुभ विचार (Happy Thoughts) यानी यह विचार कि मैं हर विचार से मुक्त हो जाऊँ। शुभ इच्छा यानी यह इच्छा कि मैं हर इच्छा से मुक्त हो जाऊँ।

ज्ञान का अर्थ है सामान्य ज्ञान लेकिन तेजज्ञान यानी वह ज्ञान जो ज्ञान व अज्ञान के परे है। कई लोग सामान्य ज्ञान की जानकारी को ही ज्ञान समझ लेते हैं लेकिन असली ज्ञान और जानकारी में बहुत अंतर है। आज लोग सामान्य ज्ञान के जवाबों को ज़्यादा महत्त्व देते हैं। उदाहरण के तौर पर – कर्म और भाग्य, योग और प्राणायाम, स्वर्ग और नर्क इत्यादि। आज के युग में सामान्य ज्ञान प्रदान करनेवाले लोग और शिक्षक कई मिल जाएँगे मगर इस ज्ञान को पाकर जीवन में कोई बड़ा परिवर्तन नहीं होता। यह ज्ञान या तो केवल बुद्धि विलास है या फिर अध्यात्म के नाम पर बुद्धि का व्यायाम है।

सभी समस्याओं का समाधान है तेजज्ञान। भय से मुक्ति, चिंतारहित व क्रोध से आज़ाद जीवन है तेजज्ञान। शारीरिक, मानसिक, सामाजिक, आर्थिक और आध्यात्मिक उन्नति के लिए है तेजज्ञान। तेजज्ञान आपके अंदर है, आएँ और इसे पाएँ।

यदि आप ऐसा ज्ञान चाहते हैं, जो सामान्य ज्ञान के परे हो, जो हर समस्या का समाधान हो, जो सभी मान्यताओं से आपको मुक्त करे, जो आपको ईश्वर का साक्षात्कार कराए, जो आपको सत्य पर स्थापित करे तो समय आ गया है तेजज्ञान को जानने का। समय आ गया है शब्दोंवाले सामान्य ज्ञान से उठकर तेजज्ञान का अनुभव करने का।

अब तक अध्यात्म के अनेक मार्ग बताए गए हैं। जैसे : जप, तप, मंत्र, तंत्र, कर्म, भाग्य, ध्यान, ज्ञान, योग, भक्ति आदि। इन मार्गों के अंत में जो समझ, जो बोध प्राप्त होता है, वह एक ही है। सत्य के हर खोजी को अंत में एक ही समझ मिलती है और इस समझ को सुनकर भी प्राप्त किया जा सकता है। उसी समझ को सुनना यानी तेजज्ञान प्राप्त करना है। तेजज्ञान के श्रवण से सत्य का साक्षात्कार होता है, ईश्वर का अनुभव होता है। यही तेजज्ञान सरश्री महाआसमानी शिविर में प्रदान करते हैं।

महाआसमानी शिविर

यदि आपके पास सत्य प्राप्त करने की आकांक्षा अथवा इच्छा है तो महाआसमानी शिविर में आपका स्वागत है, जहाँ इस समझ में आपको सहभागी बनाया जाएगा। इस शिविर में भाग लेने के लिए आपको कुछ ख़ास माँगें पूरी करनी हैं। जैसे :

1. आपको सत्य-स्थापना शिविर में भाग लेना होगा, जहाँ आप सीखेंगे – वर्तमान के हर पल को कैसे जीया जाए और निर्विचार दशा में कैसे प्रवेश पाएँ।

2. आपको कुछ प्राथमिक प्रवचनों में उपस्थित होना है, जहाँ आप उस समझ को आत्मसात करते हैं, जो आपने सत्य-स्थापना शिविर में प्राप्त की है और तब आप महाआसमानी शिविर के लिए तैयार होते हैं।

महाआसमानी शिविर में असली अध्यात्म और सीधा सत्य तीन भागों में बताया जाता है – 1) हर वर्तमान पल को जीना, वर्तमान यानी न भूत का बोझ, न भविष्य की चिंता 2) 'मैं कौन हूँ', यह अपने ही अनुभवों से जानना 3) स्वबोध की अवस्था में स्थापित होना। यह शिविर सरश्री की शिक्षाओं पर आधारित है।

स्वबोध यानी 'जो आप वास्तव में हैं' को जानने के लिए आए हुए सभी लक्षार्थियों के लिए यह महाआसमानी शिविर है। यह शिविर साल में तीन या चार बार आयोजित होता है, जिसका लाभ हज़ारों खोजी उठाते हैं।

यह शिविर चेतना की दौलत बढ़ाने के लिए तथा अंतिम सफलता पाने के लिए सत्य के हर खोजी के लिए अनिवार्य है। महाआसमानी शिविर में ईश्वरीय ज्ञान प्राप्ति (सेल्फ़ रियलाइजेशन) के बाद आप वह नहीं रह जाएँगे, जो आज आप हैं। आप नकली आनंद से दूर, असली आनंद के मार्ग पर चलने लगेंगे।

महाआसमानी ज्ञान पाने की तैयारी हर खोजी अपने नज़दीक के तेजस्थान पर कर सकता है। आप महाआसमानी शिविर की तैयारी फ़ाउण्डेशन में उपलब्ध पुस्तकों, सी.डी. और कैसेट को सुनकर भी कर सकते हैं। इसके अलावा आप टी.वी. और रेडियो पर सरश्री के प्रवचनों का लाभ भी ले सकते हैं मगर याद रहे, ये पुस्तकें, कैसेट, टी.वी. व रेडियो के प्रवचन शिविर का परिचय मात्र है, तेजज्ञान नहीं। आप महाआसमानी शिविर में भाग लेकर तेजज्ञान का आनंद ले सकते हैं।

मैं कौन हूँ? मैं यहाँ क्यों हूँ? मोक्ष का अर्थ क्या है? क्या इसी जन्म में मोक्ष प्राप्ति संभव है? यदि ये सवाल आपके अंदर हैं तो यह शिविर उसका जवाब है।

महाआसमानी शिविर आपके जीवन का लक्ष्य है क्योंकि यह शिविर आपको भयमुक्त और तनावमुक्त जीवन देता है, दुःख से मुक्त और दुःखी से भी मुक्ति देता है, सभी समस्याओं का समाधान करता है, आपको नकारात्मक विचारों से निकालकर आत्मसाक्षात्कार कराता है तथा सीधा, सरल, शक्तिशाली और समृद्ध जीवन देता है।

महाआसमानी शिविर की तैयारी नीचे दिए गए स्थानों पर कराई जाती है। पुणे, मुंबई, दिल्ली, सांगली, कोपरगांव, बार्शी, सतारा, जलगांव, अहमदाबाद, कोल्हापुर, नासिक, अहमदनगर, औरंगाबाद, सूरत, वडोदरा, बारामती, मालेगांव, नागपुर, हैदराबाद, भोपाल, रायपुर और चेन्नई।

इस महाआसमानी शिविर में भाग लेकर आप अपनी सत्य की खोज पूर्ण कर सकते हैं। इस शिविर के लिए भोजन और रहने की व्यवस्था की जाती है।

यदि आपको कोई शारीरिक बीमारी है और आप नियमित रूप से उसके लिए दवाई ले रहे हों तो कृपया अपनी दवाइयाँ साथ में लेकर आएँ। वातावरण अनुसार गरम कपड़े, स्वेटर, ब्लैंकेट आदि भी लाएँ।

महाआसमानी शिविर में भाग लेने के लिए संपर्क स्थान

पुणे सेंटर : विक्रांत कॉम्प्लेक्स, तपोवन मंदिर के नज़दीक, पिंपरी, पुणे–411 017.

आगामी महाआसमानी शिविर में अपना स्थान आरक्षित करने के लिए संपर्क करें: 020-67097700/ 09921008060/75, 9011013208

पुस्तकें प्राप्त करने के लिए नीचे दिए गए पते पर मनीऑर्डर द्वारा पुस्तक का मूल्य भेज सकते हैं। पुस्तकें रजिस्टर्ड, कुरियर अथवा वी.पी.पी. द्वारा भेजी जाती हैं। नीचे दिए गए पते पर संपर्क करें।

WOW Publishings Pvt. Ltd.

*रजिस्टर्ड ऑफिस – E- 4, वैभव नगर, तपोवन मंदिर के नज़दीक, पिंपरी, पुणे – 411017

*पोस्ट बॉक्स नं. 36, पिंपरी कॉलोनी पोस्ट ऑफिस, पिंपरी, पुणे – 411017

फोन नं.: 09011013210 / 9623457873

आप ऑन–लाइन शॉपिंग द्वारा भी पुस्तकों का ऑर्डर दे सकते हैं।

लॉग इन करें – www.gethappythoughts.org

पुस्तकें मँगवाने पर डाक-व्यय की छूट है और 300 रुपये से अधिक पुस्तकें मँगवाने पर डाक-व्यय के साथ 10% की भी छूट है।

महाआसमानी शिविर स्थान

महाआसमानी महानिवासी शिविर 'मनन आश्रम' पर आयोजित किया जाता है। यह आश्रम पुणे शहर के बाहरी क्षेत्र में पहाड़ों और निसर्ग के असीम सौंदर्य के बीच बसा हुआ है। इस आश्रम में पुरुषों और महिलाओं के लिए अलग-अलग, कुल मिलाकर 600 लोगों के रहने की व्यवस्था है। यह आश्रम पुणे शहर से 17 किलोमीटर की दूरी पर है। हवाई अड्डा, हाइवे और रेल्वे से पुणे आसानी से आ-जा सकते हैं।

मनन आश्रम, पुणे, सर्वे नं. 43, सनस नगर, नांदोशी गांव, किरकट वाडी फाटा, तहसील – हवेली, जिला : पुणे – 411024.
फ़ोन : 09921008060

सभी धर्मों को जोड़नेवाला तेजज्ञान का धागा

तेजज्ञान के प्रकाश में
रामायण – वनवास रहस्य

• Total Pages - 352   • Price - 195/-

प्रस्तुत पुस्तक में प्रभु श्रीराम की जीवनगाथा 'रामायण' को सरश्री ने एक नए दृष्टिकोण और समझ के साथ अत्यंत सरल भाषा में पुनः प्रस्तुत किया है। आठ खण्डों में विभक्त इस पुस्तक के पहले 5 खण्डों में श्रीराम के जन्म से लेकर वनवास तक के प्रसंगों को दिया गया है। प्रत्येक प्रसंग के बाद उससे जुड़ी समझ को सरल शब्दों में और प्रभावी ढंग से विस्तार में समझाया गया है। खण्ड 7 पाठकों को श्रीराम के वनवासकाल से प्रेरणा लेकर अपने मन, शरीर व बुद्धि को प्रशिक्षित करना सिखाता है। इसके लिए विभिन्न स्तर पर अल्प वनवास लेने का मार्गदर्शन दिया गया है। जैसे – विभिन्न इंद्रियों (नाक, कान, त्वचा, जुबान, आँख) का वनवास, विचारों, साँसों, सुख–सुविधाओं और गैजेट्स का वनवास आदि। इन वनवास को लेने के तरीक़ों, इनके महत्त्व व लाभों पर सातवें खण्ड में विस्तार से चर्चा की गई है।

कुल मिलाकर यह एक अनोखी रामायण है,जो अध्यात्म के गूढ़ विषयों और आज के इंसान के लिए ज़रूरी ज्ञान को बड़े सरल अंदाज़ में, आज के जीवन से जोड़कर समझाती है ताकि एक आम इंसान भी उन्हें अपने जीवन में उतारकर सुखी, आनंदित और सफल जीवन जी सके।

सभी धर्मों को जोड़नेवाला तेजज्ञान का धागा

इस्लाम धर्म के
पाँच स्तंभ
सच्ची ईद कैसे मनाएँ

• VCD   • Price - 60/-

सरश्री द्वारा दिए गए इस संदेश में आप जानेंगे :

- इस्लाम धर्म के पाँच स्तंभ क्या हैं
- रोज़ा (उपवास) क्यों रखा जाता है
- रमज़ान के महीने का महत्त्व क्या है
- क्या है हिंदू, मुस्लिम, सिख, ईसाई शब्द का गहरा अर्थ
- त्योहार क्यों मनाए जाते हैं तथा उनके पीछे क्या गहरी समझ होनी चाहिए
- हर धर्म को किस समझ से देखें
- सभी धर्मों के त्योहार मिलकर कैसे मनाएँ

सरश्री तेजपारखीजी ने हर धर्म पर संदेश दिया है तथा उनकी गूढ़ बातों को लोगों के सामने सरलता से रखा है। समाज में भाईचार, प्रेमभाव और एकता कैसे बढ़े? हर मज़हब को सही दृष्टिकोण से कैसे देखा जाए? सरश्री ने हर धर्म के साथ यह संदेश दिया है। आइए इस संदेश के द्वारा सच्ची ईद मनाना सीखें।

सभी धर्मों को जोड़नेवाला तेजज्ञान का धागा

सद्‌गुरु नानक
साधना रहस्य और जीवन
• Total Pages - 182 • Price - 100/-

गुरु नानक का संपूर्ण जीवन ही ईश्वर की सराहना था,उसकी अभिव्यक्ति था। उनके जीवन की हर घटना यह बताती है कि किस प्रकार उन्होंने हुकुम के साथ कार्य किया। लोग आज भी उनकी शिक्षाओं का लाभ ले रहे हैं और उनके बताए मार्ग पर चल रहे हैं।

उनका जीवन उन लोगों के लिए प्रेरणा है जो प्रभु के हुकुम पर चलना तो चाहते हैं परंतु हिम्मत नहीं कर पाते।

गुरु नानक एक ऐसे ही महान संत हैं,जिन्होंने उस वक़्त के कर्मकाण्डों पर अपनी वाणी से कड़ा प्रहार किया। उन्होंने सरल भाषा में ज्ञान का प्रचार कर, लोगों को मोक्ष की ओर बढ़ने के लिए प्रेरित किया,जिसका लाभ आज तक लिया जा रहा है और आगे भी लिया जाएगा।

गुरु नानकजी ने अपने जीवनकाल में कई यात्राएँ कीं। उन्होंने ये यात्राएँ क्यों कीं? इन यात्राओं में उन्हें क्या-क्या दिक्क़तें आईं? उनके गृहस्थ जीवन का मक़सद क्या था? क़रीब 500 साल पुराने उस दौर में लोग किस तरह के वातावरण में जी रहे थे? ऐसी कई गूढ़ बातों को प्रस्तुत पुस्तक के ज़रिए समझाने का प्रयास किया गया है।

यह पुस्तक आपको हुकुम साधना करने का तरीक़ा सिखाएगी। इसे पढ़कर आप गुरु नानकजी की जीवनी, कहानियाँ और सिखावनियों का अध्ययन कर, ख़ुशी का ख़ज़ाना प्राप्त कर सकते हैं।

सभी धर्मों को जोड़नेवाला तेजज्ञान का धागा

जीज़स
आत्मबलिदान के मसीहा

• Total Pages - 186   • Price - 100/-

सत्य की शिक्षाएँ उच्च चेतना से निकलती हैं, जो सभी को जाननी चाहिए। इसलिए धर्म चाहे कोई भी हो, जीज़स की शिक्षाओं से हर कोई प्रेरणा प्राप्त कर सकता है। मुक्तिदाता जीज़स की जीवनी और शिक्षाएँ तो कई बार प्रकाशित हो चुकी हैं परंतु इस पुस्तक द्वारा आप जीज़स के जीवन और उनकी शिक्षाओं का गहरा अर्थ समझेंगे। जीज़स द्वारा कही गई कई पंक्तियाँ लोगों को विरोधाभासी लगती हैं। इस पुस्तक द्वारा उन पंक्तियों का गहरा अर्थ समझेंगे तो आप जीज़स की शिक्षाओं की सराहना ही करेंगे।

चेतना की उच्चतम अवस्था में स्थित जीज़स ने स्पष्ट शब्दों में कहा, 'तुम्हें जो भी मिलेगा, तुम्हारे विश्वास अनुसार ही मिलेगा।' आज लोग प्रार्थनाएँ तो कर रहे हैं परंतु उनके साथ क्रियावी विश्वास जोड़ना भूल गए हैं, जिस वजह से योग्य परिणाम नहीं मिल रहे। संपूर्ण प्रार्थना का यह रहस्य इस पुस्तक में विस्तार से समझाया गया है।

सूली पर चमत्कार न दिखाकर जीज़स ने अपने आत्मबल का प्रदर्शन किया। जिसे लोग समझ नहीं पाए। हमारे जीवन में भी ऐसी कई घटनाएँ होती हैं, जहाँ हमारे आत्मबल की परीक्षा ली जाती है। पर अफ़सोस हम कई बार हार मान लेते हैं। जीज़स के जीवन से आत्मबल का बेहतरीन सबक़ हम सीख सकते हैं, जिसे 'आत्मबलिदान के मसीहा जीज़स' में विस्तार से दर्शाया गया है। जीज़स ने अपनी शक्तियों का प्रयोग स्वयं को बचाने के लिए नहीं किया बल्कि दूसरों का दुःख दूर करने के लिए किया। इससे हमारे अंदर यह होश जाग्रत होना चाहिए, 'मैं किस चीज़ को अधिक महत्त्व देता हूँ? शक्ति आने के साथ कहीं मेरा लक्ष्य बदल तो नहीं गया है? क्या मैं अब भी उसी दिशा में प्रार्थना कर रहा हूँ, जिस लक्ष्य को लेकर मैं चला था?' ऐसे सवाल हमें जाग्रत रखते हैं। जीज़स के जीवन द्वारा सीखने योग्य ऐसे कई बेहतरीन सबक़ हैं, जो हम सबके लिए प्रेरणा बन सकते हैं। आइए इस पुस्तक का ज्ञान, समझ और प्रेरणा प्राप्त करें।

भगवान बुद्ध

सुमन और बुद्धि का उच्चतम विकास
बोध प्राप्ति के लिए

● Total Pages - 200   ● Price - 100/-

सिद्धार्थ एक राजा के पुत्र थे, जो राजसी सुखों से भरपूर जीवन जी रहे थे। परंतु जीवन में उन्हें कुछ ऐसे संकेत मिले, जिन्होंने उन्हें खोजी बना दिया। उन्होंने राजसी जीवन को त्याग दिया और दुःख मुक्ति की खोज में जुट गए। इस मार्ग पर उन्होंने अपने शरीर को बहुत कष्ट दिए। दोनों अतियोंवाला जीवन जीने के बाद उन्हें एहसास हुआ कि मध्यम मार्ग ही सर्वोत्तम मार्ग है। सिद्धार्थ गौतम ने मन और बुद्धि का सम्यक उपयोग किया और उनके पार गए इसलिए उन्हें परम बोध प्राप्त हुआ और वे भगवान बुद्ध बने। यह पुस्तक आपको भगवान बुद्ध के जीवन की यात्रा करवाएगी। इस यात्रा में आप जानेंगे –

● सिद्धार्थ कब और क्यों गौतम (खोजी) बने
● गौतम की बोध प्राप्ति की यात्रा कैसी थी
● बोध प्राप्ति के बाद भगवान बुद्ध की यात्राएँ कैसी थीं
● भगवान बुद्ध ने अपने शिष्यों को कौन सी शिक्षाएँ प्रदान कीं
● भगवान बुद्ध की शिक्षाओं को जीवित रखने के लिए
● सम्राट अशोक ने कैसे महत्त्वपूर्ण योगदान दिया

भगवान बुद्ध ने अपने सम्यक ज्ञान से लोगों की मन:स्थिति देखकर उपाय बताए। जिन लोगों ने उन्हें ध्यान से सुना, समझा, उन्होंने बुद्ध बोध का पूर्ण लाभ उठाया लेकिन जिन लोगों ने बुद्ध के केवल शब्द सुने, वे अपनी मूर्खताओं में लगे रहे। यदि आपने भगवान बुद्ध की शिक्षाओं का असली अर्थ समझ लिया तो यह पुस्तक बोध प्राप्ति के लिए यानी असली सत्य तक पहुँचने के लिए सरल मार्ग बन सकती है। इस पुस्तक में भगवान बुद्ध के जीवन को तीन मुख्य किरदारों में पिरोया गया है। पहले किरदार हैं राजकुमार सिद्धार्थ, दूसरे किरदार हैं गौतम और तीसरे किरदार हैं भगवान बुद्ध। भगवान बुद्ध को गौतम बुद्ध भी कहा जाता है लेकिन कभी सिद्धार्थ गौतम नहीं कहा जाता। इन नामों के पीछे भी रहस्य है। इन तीनों किरदारों की कहानियों को इस पुस्तक के ज़रिए एक नए और अलग नज़रिए से पढ़ें।

भगवान महावीर
मन पर विजय
Releasing shortly (August 2016)

भगवान महावीर का जीवन मन पर विजय प्राप्त करने के लिए अनुकरणीय है। उनके जीवन व शिक्षाओं को जनकल्याण के उद्देश्य से इस पुस्तक में पिरोया किया गया है।

भगवान महावीर के जन्म से लेकर कर्म और महानिर्वाण तक की घटनाओं का इस पुस्तक में सूक्ष्म विवेचन किया गया है। इस पुस्तक के माध्यम से पाठकों को तमाम मान्यताओं और भाग्य से मुक्त कर उस महासत्य का दर्शन कराया गया है, जिससे वे संकल्प, कर्म, वाणी, व्यवहार, प्रज्ञा, कामना, तृष्णा, आसक्ति–अनासक्ति, पाप-पुण्य, ऊँच–नीच, हिंसा-अहिंसा आदि के रहस्यों से परिचित हो सकें। 'अहिंसा' के विषय को इस पुस्तक में गहराई से समझाया गया है।

पुस्तक की भाषा सरल और शैली आकर्षणयुक्त है। इसका मुख्य उद्देश्य भगवान महावीर के दिखाए मार्ग पर पाठकों को चलने की प्रेरणा देना है, जिससे लोक कल्याण का पथ प्रशस्त हो सके।

विश्व को आज नए धर्म की नहीं, नए धागे की ज़रूरत है, जो सभी धर्मों को जोड़े। तेजज्ञान वही धागा है।

मानवता का मंदिर - मन अंदर
हर दिन की विशेषता

दिन		विशेषता	धर्म
Monday	सोमवार	सोमनाथ	हिंदू
Tuesday	मंगलवार	मंगल महावीर भगवान	जैन
Wednesday	बुधवार	बुद्धिवार – भगवान बुद्ध	बौद्ध
Thursday	गुरुवार	गुरुद्वारा – गुरुनानक	सिख
Friday	शुक्रवार	शुक्रियावार – मोहम्मद पैगंबर	इस्लाम
Saturday	शनिवार	शांति वार –महात्मा ज़रथुस्त्र, मिर्जा हुसेन अली नूरी, प्रभु यहोवा, कन्फ्युशियस, लाओत्सी	पारसी, बहाई, यहूदी, कन्फ्यूशिनिज़म ताओ, शिंतो इत्यादि
Sunday	रविवार	सन–डे, (सन्डे) प्रकाश वार– जीज़स	ईसाई

सरश्री द्वारा रचित
अवतारों व संतों की जीवनी और सिखावनियाँ

अनोखा अवतार
ग्लोबल और लीडरगम
हनुमान
Pages - 192
Price - 150/-

संत ज्ञानेश्वर
समाधि रहस्य और जीवन
चरित्र
Pages - 192
Price - 100/-

पृथ्वी चदरिया
आओ मिलें, संत कबीर से
Pages - 192
Price - 96/-

भक्ति का हिमालय
द मीरा
Pages - 184
Price - 100/-

स्वामी विवेकानन्द
भारत में गुरु–शिष्य परंपरा की मशाल
Pages - 180
Price - 100/-

सरश्री को सुनें

संस्कार चैनल

सोमवार से शनिवार शाम ६:३५ से ६:५५
और रविवार शाम ८:१० से ८:३०

हर मंगलवार, शुक्रवार, शनिवार, रविवार सुबह 9:15 बजे रेडियो विविध भारती, एफ़. एम. पुणे पर 'तेजविकास मंत्र'

हर शनिवार सुबह 8:55 बजे रेडियो एम. डब्ल्यू. पुणे, तेजज्ञान इनर पीस ऐंड ब्यूटी कार्यक्रम

नोट : उपरोक्त कार्यक्रमों के समय बदल सकते हैं इसलिए समय जाँच लें।

तेजज्ञान इंटरनेट रेडियो

24 घंटे और 365 दिन सरश्री के प्रवचन और भजनों का लाभ लें, तेजज्ञान इंटरनेट रेडियो द्वारा। देखें लिंक –

http://www.tejgyan.org/internetradio.aspx

तेजज्ञान फ़ाउण्डेशन – मुख्य शाखाएँ
पुणे (रजिस्टर्ड ऑफ़िस)
विक्रांत कॉम्प्लेक्स, तपोवन मंदिर के नज़दीक,
पिंपरी, पुणे–411 017.
फ़ोन : 020–27411240, 27412576
मनन आश्रम
सर्वे नं. 43, सनस नगर, नांदोशी गाँव,
किरकटवाडी फाटा, तहसील – हवेली,
जिला– पुणे – 411 024. फ़ोन : 09921008060

e-books

The Source, Complete Meditation, Ultimate Purpose of Success, Enlightenment, Inner Magic, Celebrating Relationships, Essence of Devotion, Master of Siddhartha, Self Encounter, and many more e-books available.

Free apps

U R Meditation & Tejgyan Internet Radio on all platforms like Android, iPhone, iPad and Amazon

e-magazine

'Yogya Aarogya' & 'Drushtilakshya'
emagazines available on www.magzter.com

e-mail

mail@tejgyan.com

website

www.tejgyan.org, www.gethappythoughts.org

– नम्र निवेदन –
विश्व शांति के लिए लाखों लोग प्रतिदिन
सुबह और रात 9 बजकर 9 मिनट पर प्रार्थना करते हैं।
कृपया आप भी इसमें शामिल हो जाएँ।